名师谈教学

中石题

感悟篇

北京市教育委员会组织编写

李有增　谢新水　主编

总顾问　周远清　顾明远　潘懋元　欧阳中石

人民出版社

出版策划：巴能强
责任编辑：巴能强　王海冰

图书在版编目（CIP）数据

名师谈教学. 感悟篇 / 北京市教育委员会组织编写；李有增，谢新水主编.
—北京：人民出版社，2015.5
（高校名师与教师职业发展丛书）
ISBN 978-7-01-014572-3

Ⅰ. ①名…　Ⅱ. ①北…②李…③谢…　Ⅲ①高等学校—教学研究—文集
Ⅳ. ①G642.0-53

中国版本图书馆 CIP 数据核字（2015）第 041956 号

名师谈教学 感悟篇
MINGSHI TAN JIAOXUE GANWUPIAN
北京市教育委员会组织编写
李有增　谢新水　主编

人民出版社出版发行
（100706　北京市东城区隆福寺街 99 号）

环球印刷（北京）有限公司印刷　新华书店经销

2015 年 5 月第 1 版　2015 年 5 月北京第 1 次印刷
开本：710 毫米×1000 毫米 1/16　印张：10.75
字数：160 千字

ISBN 978-7-01-014572-3　定价：32.00 元

邮购地址　100706　北京市东城区隆福寺街 99 号
人民东方图书销售中心　电话（010）65250042　65289539

“高校名师与教师职业发展丛书”编委会

“百位名师谈教学”系列精品讲座音像资料已由北京市高等学校师资培训中心和清华大学电教中心联合录制完成。

邮购电话:010-68902492(北京市高等学校师资培训中心)

010-62792903(清华大学电教中心)

序:高等教育召唤更多教育家

高等教育的发展与国家的经济、社会和文化发展密切相关,没有高等教育的发展就没有经济的转型升级,就没有社会文化的繁荣。因此,办好高等教育是各国十分关心的问题。

高等教育的发展有一个历史过程,自从中世纪产生第一所大学以后,高等教育由大学来承担。那时,主要是一批学者在大学里研究学问,培养人才。19世纪初,德国柏林大学的创立,提倡教学和研究并重,相继出现了一批研究型大学。19世纪中叶,美国赠地学院的建立,为当地发展农业服务,并且创建了威斯康星精神。于是教学、科研、服务就成为大学的三大职能,而教学,也即培养人才则是大学的最基本的职能。随着高等教育大众化的发展,承担高等教育任务的不仅是大学,高等学校出现了多种层次的院校。有重视研究工作的研究型大学,有以教学为主的大学或学院,还有一些培养一般技术人才的短期大学或社区学院。不同层次的高等学校有着不同的职能,但教学,即培养人才始终是所有高等学校最基本的职能。

高等学校的三大职能有着紧密的联系。高等学校要培养高质量的人才,就必须开展科学研究,用研究的成果不断创新教学内容,提高教学质量。高等学校为社会服务,一方面有利于社会的发展,另一方面也促进了高等学校自身的发展,特别是有利于人才的培养。当然,高等学校把教学工作搞好,人才质量提高,才能更好地开展科学研究和为社会服务。所以教学永远是高等学校的中心任务。《国家中长期教育改革和发展规划纲要(2010—2020年)》在高等教育一章中提到:"牢固确立人才培养在高校工作的中心地位,着力培养信念执著、品德优良、知识丰富、本领过硬的高素质专门人才和拔尖创新人才。"

提高教学质量,培养高质量的人才,就必须有名师上讲坛,只有名师才能出高徒嘛。但是近些年来,高等学校重视科研忽视教学的现象特别严重,许多管理制度不利于鼓励教师上讲坛。例如评定职称的条件、工作量的计算、经费的分配等都有利于科研,不利于教学。这种不合理的制度正在受到广大教师的不满和专家诟病。为了鼓励名师上讲坛,教育部出台了名师奖励工作和精品课程的评选,在高等学校中评选了一批名师,建立了一批精品课程,有利地促进了高等学校教学质量的提高。把这种评选和表彰活动制度化、常态化,将有利于激发高校教师在教学和人才培养领域的探索和奉献精神。

北京市教委从教学名师群体中邀请一批一线优秀教师,总结、介绍他们在各自领域的教学经验,汇编成这套丛书。丛书中,有的教师侧重于讲自己的成长成才经历、师德建设;有的侧重于从教师角色定位、师生互动、教学技能、教学方法和艺术上谈教学;有的着重谈创新人才培养;有的强调教学研究、教学资源建设、教育技术应用;还有的总结研究生培养、学术规范等,各自提炼了他们在教育实践中的感悟、心得和智慧。这些教学名师常年累月坚守在教学第一线,教育风格鲜明,个性生动活泼,都可以说是高等教育领域的教育大家。他们的经验智慧应该让更多高校教师在相互交流中学习、借鉴,尤其新入职高校的年轻教师可以从他们的经历、经验中领语到教学的规律、教学的艺术和教学的智慧。

期望高等教育领域能涌现出更多的教育家,为中国高等教育的改革发展增添更多的生气与活力。是为序。

2013 年 9 月 6 日

目　录

规范与创新相结合搞好本科教学

中南财经政法大学　万后芬

万后芬,1944年生,湖北武汉人。现任中南财经政法大学教授、博士生导师(退休),兼任中国高校市场学研究会副会长及教学委员会负责人、湖北省市场营销学会顾问等职。曾获全国优秀教师、中国高等院校首届教学名师奖等荣誉,享受国务院政府特殊津贴。

在中南财经政法大学长期从事市场营销方面的教学和研究工作。承担了本科、硕士、博士三个层次的教学,从事市场营销学、营销管理、商情预测、营销系统工程、市场营销计算机模拟、营销前沿等课程的教学。

主持了国家级精品课程"市场营销学"建设、中国大学视频公开课"价值营销概说"的讲授、湖北省品牌专业"市场营销专业"的建设等。主持完成了国家社科基金项目、国家自然科学基金项目多项。编著出版了《现代市场营销学》、《营销管理学》、《现代推销学》等近20部著作或教材。主持完成的教育部面向21世纪教学研究项目成果《市场营销专业推行案例教学的理论与实践研究》2001年获教育部国家级优秀教学成果二等奖、湖北省人民政府优秀教学成果一等奖。

摘要：

本科教学是根本，是重中之重；而课堂教学又是本科教学的基础和根本。搞好本科课堂教学、练好基本功，是作为一个高校教师的必备条件。一要抓好备、教、批、辅四大关键环节规范本科教学；二要关注学科前沿创新教学内容；三要注重教学研究，创新教学方法。

在教学、科研、社会服务三大职能中，教学是教师的根本职能，并将文化传承融入各项职能之中；在本科、硕士、博士三个层次的教学中，本科教学是根本，是重中之重；而课堂教学又是本科教学的基础和根本。因此，搞好本科课堂教学、练好基本功，是作为一个高校教师的必备条件。

在此，将与大家一起分享，如何做到"规范与创新相结合搞好本科课堂教学"。

一、抓好四大环节规范本科教学

备、教、批、辅四个环节是教学过程中不可或缺的关键环节。抓好这四个环节，是搞好教学、提高教学质量的重要之举。

（一）备课环节

备课环节位于课堂教学之首，是搞好课堂教学的基础和关键环节。备课环节包括制定教学大纲、编制教学计划、设计教学方案、制作教学课件等工作。

1.制定教学大纲

教学大纲是规范每门课程，把握每门课程的教学目的、基本要求、基础知识、重点难点的纲领性文件，应以课程组为主体，认真编制，并予以落实，作为该课程考核的重要依据。

不同学科、不同课程，教学大纲的结构、内容、侧重点有所不同，也可粗可细，但其基本内容应包括：

（1）前言：说明本课程的地位、作用；本课程的教学目的和要求；本课程中必须熟练掌握的重点章节、须掌握的次重点章节、须理解的一般章节、只需自学了解的章节；本课程的前续、基础课程；本课程的后续、拓展课程等。

（2）分章大纲：本章的地位、作用；本章的教学目的和要求；本章中必须熟练掌握的重点内容、须掌握的次重点、须理解的一般内容、只需自学了解的内容；本章的难点所在；本章的基本内容（可粗可细）。

（3）教学日程安排：各章节课时安排。

2.编制教学计划

教学计划是每一个任课教师在本学期对本课程教学的计划安排，也是提供给学生作为学生选课的依据。任课教师应根据教学大纲、参考大纲中的教学日程安排、针对不同专业学生的实际做出安排，切忌不看对象、敷衍了事。教学计划应包括以下内容：

（1）基本信息：课程名称、授课班级、任课教师、授课时间、授课地点、使用教材、授课方式。

（2）每周教学安排：周次、教学内容、教学学时、教学形式（各次课的教学活动安排）。

（3）考核方式：考核方式及成绩结构（平时/期末）。

3.设计教学方案

教学方案（教案）是以教学大纲和教学计划为指南，根据不同教学对象，对教学全过程以及每一节课的教学内容、教学方法、教学形式、教学组织的总体策划和精心安排，它体现了不同教师的教学风格和个性。

教案的结构与内容包括：

本章教学目的和要求；本章主要内容；重点及突出措施；难点及解决办法；教学过程及安排：课前复习提问、课堂讲授、本课内容小结、讨论与思考，每一部分的主要内容、教学方式、时间安排、衔接方法。

教案的内容可粗可细，不同教师可根据自身情况设计。一般而言，新课、新教师、内容不太熟的课程，教案可设计得细一些；熟练以后可粗一些，甚至只要一个基本思路即可。

4.制作教学课件

教学课件是根据教案做出的视觉性展示，是教学方案的具体化和配套工具。不同教师课件制作的风格不同：有的力求简单、清晰、明了，以文字为主的提纲式的课件;有的图文并茂,甚至用动漫、视频链接,追求动感、刺激的视觉效果,以增强趣味性、加深印象。不同风格,各有所长。但每页教学课件字数不宜过多、字体不宜过小(应大于28磅)过密,也不宜过于花哨。

(二)课堂教学(讲授)环节

教学(讲授)环节是课堂教学之本,是搞好课堂教学的最重要的环节,也是体现一个教师的态度、素质、功底、个性的基本环节。

课堂教学(讲授)过程中要注意:教容教态的规范、教学内容的取舍、教学方法的选择以及讲授交流方式的安排等。此外,开篇的导言课是对一门课的总体部署和安排,必须高度重视。

1.教容与教态的规范

消费者行为理论认为,参照群体是影响人们行为的重要因素之一。教师,特别是受到学生敬重和推崇的教师,他的行为举止将成为一部分学生的楷模,对青年学生的心理和行为产生很大影响。我个人也深深体会到:作为一名教师,往三尺讲台上一站,既是作为小我的个人魅力的展示,更是作为人民教师的大我的社会责任感的体现。在三尺讲台这块阵地上,既要讲好每一节课,更要注重优秀文化的传承、注重为人师表、注重言传身教。因此,在教学过程中,必须注重仪容仪表,态度端正,以一颗赤诚的爱心去搞好教学。真正做到以"师爱为魂、才高为师、身正为范"的教师标准来规范自己的言行。所以,历来就有"师者,传道、授业、解惑也"、"教师是人类灵魂的工程师"之称。而在教学方面,个人认为设计好教案是讲好课的关键,不打无准备之战。我向来不赞成"讲到哪是哪"的随意性教学方式,更是反对那些将个人情绪、甚至牢骚带进课堂的做法。

2.教学内容和教学方法设计

这个问题在教案设计时应该已做了安排。特别是对于重点、难点和基本内容的讲授,应如何处理;如何处理理论与实践的关系,基本知识与前沿性、发展性理论的关系以及如何做到互动式、参与式教学等,都应精心设计。在此不再赘述。

3.表述方式选择

语言的表述是一门艺术,在讲授过程中,如果自始至终对学生视而不见、以同样的语调平铺直叙、甚至念讲稿(念书),那么学生逃课、打瞌睡,就很正常了。

讲述过程实际上是一个以全身心的投入来调动学生学习的主观能动性的过程:

(1)口:除通常的陈述句以外,尽量多用设问句,可以自问自答,也可以学生一起回答,以启发学生思维、活跃课堂气氛。同时,要注意语调的抑扬顿挫、轻重缓急。

(2)眼:注意与学生的眼神交流,把握全场,以随时了解学生对教学内容、教学方法的反应及掌握程度。

(3)耳:注意测听学生对提问的回应、讲课过程中学生的议论等,以了解课堂反映。

(4)脑:随时根据课堂情况调整讲授进度和内容。

(5)肢体:适当的手势、走动以及走动过程中与学生的交流,对于调动学生的学习积极性、参与性都是十分必要的。

4.重视导言课的教学

导言课是一门课程的开局之课,也是对本课程的总体布局。首先,要做到开篇明意,让学生了解本门课程的内涵、发展历程、结构及主要内容;其次,要让学生了解本课程的教学方式、方法,日程安排、主要活动及考核方式;最后,要让学生了解学习本课程的目的、要求以及需要学习的主要参考资料。并请学生对本课程的教学设计提出修正意见。

(三)作业批改环节

课堂作业既是对课堂讲述内容的复习和运用,又是对课堂讲述内容的深化和拓展。在课堂教学中,虽然也会注重对学生分析、理解、表达能力的培养和训练,但课堂讲授中最重要的还是对知识的传授。而课堂作业的重点则在于对学生能力和素质的培养。因此,无论是自然科学类的课程、还是社会科学类的课程都应布置和批改作业。学校应做出相应的规定,并对教师的付出给予肯定和激励。

目前,有的学校不重视社科类课程的作业问题,对是否布置作业不做要求,教师布置、批改作业也不算工作量。这样一来,这一环节就成了可有可无的不受重视的环节。

本人在教学中深深体会到这一环节的重要性。在《市场营销学》教学中，本人会布置三次作业，并将作业成绩作为课程考核成绩的一部分（占 60%）：

（1）理论研究性作业：对某一营销前沿问题的研究，进行文件检索、探讨这一问题的研究现状；提出自己的观点、进行分析论证。这是每一个学生必须独立完成的。教师会对学生作业进行眉批、总评，并组织学生进行点评。

（2）案例分析作业：对给定的案例进行分析。这是一个团队集体完成的作业。团队成员可进行分工，对公司现状、竞争者状况、市场情况等进行分析，集体讨论解决方案。教师会利用课外时间组织讨论，展示各个小组的方案，并让学生参加评定。

（3）调研策划作业。这也是一个团队集体完成的作业。团队成员首先要选定一个实际的、或者虚拟的公司和产品，对其营销的某一方面（产品更新、价格制定、渠道选择、促销方案等）进行策划。策划必须建立在对公司现状、竞争者状况、市场情况等进行详细调研的基础上，也必须通过分工合作、集体讨论才能完成。教师同样会利用课外时间组织讨论，展示各个小组的方案，并让学生参加评定。

通过三次作业，在巩固和运用所学知识的同时，使学生的调研能力、分析能力、决策能力、写作能力和团队精神都得到了锻炼和提高。

（四）课程辅导环节

课程辅导环节既是教师对学生"授业"过程的继续和深化，又是对学生的"传道"和"解惑"过程。目前，随着科技的发展，师生间的交流更加方便。本人认为，课程辅导环节可以通过以下方式进行：

（1）以通过邮件、短信、电话等不定期地与学生进行交流、辅导。

（2）仅仅如此还是不够的，对于每一个课堂，还必须定时、定点与学生进行面对面交流，进行答疑、解惑。用教师的言传身教、教师的人格魅力去影响学生，去传承优良的传统文化。

（3）必须注重与课程有关的第二课堂的辅导。如，学生进行的营销方面的营销策划大赛、创业设计等活动。

结论：备、教、批、辅四个环节是提高本科教学质量的重要环节，必须紧紧抓住，一环都不能放松。一方面，作为一名合格的教师，要想方设法地搞好这四大环节；另一方面，作为教学管理部门，学校及相关部门也应针对学校的实际，对教学四大环节的实施做出相应的规定、提出规范化措施、进行规范管理，并制定出激励措施。对于研究型学校，还可以实施配套的助教制度，使教师有充分的精力去搞好四大环节。

二、关注学科前沿创新教学内容

教学的规范化强调的是统一的、规范的要求。而教学创新则更多表现为个性化的特征，不同学科有不同的特点；对于同一学科、同一课程的教学，不同教师也有不同的特点。总的来说，必须关注学科发展前沿，将科学研究成果融入平常教学之中，不断创新教学内容。

市场营销学是一门应用性很强的新兴学科，随着社会经济的不断发展、企业营销活动的不断创新，市场营销学不断发展和完善。因此，更有必要关注学科的发展，不断创新教学内容。比如，对于市场营销学而言，营销理论新发展、营销理念创新、消费者行为研究、营销研究方法以及环境保护主义营销、网络背景下的营销问题等都是值得关注的新的问题。

1.内容的重新界定

由于市场营销学是一门发展中的新兴学科，很多内容，甚至基本概念都在不断发展和变更。比如，对“市场营销”的界定，不仅仅是不同学者从不同的角度有不同的界定。即使营销界公认的权威机构“美国市场营销协会”，对于“市场营销”一词，也先后进行了多次界定：

（1）将市场营销定义为产品销售过程：市场营销是将货物和劳务从生产者流转到消费者过程中的一切企业活动。（1960年）

（2）将市场营销定义为产品构想与销售管理过程：市场营销是通过对货物、劳务和计谋的构想、定价、分销、促销等方面的计划和实施，以实现个人和组织的预期目标的交换过程。（1985年）

（3）将市场营销定义为价值营销与关系管理过程：市场营销是一项有组织的活动，它包括创造“价值”，将“价值”沟通输送给顾客，以及维系管理公司与顾客间关系，从而使得公司及其相关者受益的一系列过程。（2004年）

(4)将市场营销定义为一个组织为社会整体利益而进行的价值营销过程:市场营销是一种全组织范围内的活动,一组制度的集合,同时也是为了顾客、客户、合作伙伴以及社会的整体利益而创造、传播、传递、交换价值的一系列过程。(2007年)

此外,对于“市场”、“价值”等概念的界定都有很大变化。如果不关注学科的发展变化,就会用陈旧的理论去误导学生和社会公众。

2.对结构体系的调整

对于市场营销学而言,由于其核心概念的变化,其内容结构体系也必然要发生变化。

根据1960年的定义,市场营销仅仅是一个产品的销售过程,那么市场营销学的内容结构也就围绕着产品销售问题,以“4PS”(产品开发、价格制定、渠道选择、促销决策)为主线,进行讲授即可。直至目前,我们有一些学校、一些教师还在按这一结构讲授市场营销学,按这一结构编写教材。

按照1985年的定义,市场营销学的内容结构就不仅仅是围绕产品销售的“4PS”,还必须从营销管理的角度增加对营销的战略、计划、组织、控制方面的内容。

而21世纪的市场营销的内容结构,则必须从产品营销的传统框架中脱颖而出,按照价值营销+关系营销+宏观社会营销的思路去进行调整。

关注学科的前沿发展,及时对教材进行更新,是及时调整教学内容结构的重要保证。我们2003年出版的“十五”规划教材《市场营销教程》的内容结构,是在营销管理框架下,将“关系营销”贯穿于营销全过程。在形式上则是按“纸质教材+教学案例+辅学光盘+辅教光盘”出版的立体化教材。

2007年出版的“十一五”规划教材《市场营销教程(第二版)》的内容结构,则以价值营销的思路,按理论篇、价值识别篇、价值创造篇、价值传递篇、价值监控篇来进行编排。并将“市场导向”、“全面营销”、“价值营销”、“细分战略”、“全面解决方案”、“驱动市场”、“3V组合”等营销新理论融入教材之中。教材形式上,在原教材“纸质书本+光盘”的基础上进一步升级,利用高等教育出版社的网络平台,以“纸质书本+网络学习卡+辅教密码”的形式提供给教师。该教材被评为普通高等院校精品教材(2008年),获得湖北省优秀教学成果一等奖(2009年)。

即将出版的《市场营销教程(第三版)》,则在第二版基础上,将“价值观驱动的营销”、“企业的社会责任”等内容融入其中。

三、注重教学研究,创新教学方法

作为一名教师,要搞好教学,除了要关注学科前沿,注重科学研究之外,还必须注重教学方面的研究,特别是教学方法方面、学科建设方面的研究等。

(一)注重教学项目的研究和应用

本人对教学方面的研究,始于20世纪90年代初,主持完成了三项教学研究项目,均获得省级以上的奖励,还有一项在研。包括:湖北省教育厅立项项目“案例教学法研究”(1990—1992年),湖北省教育厅立项项目“市场营销专业教学内容改革及教材建设研究”(1994—1996年),教育部高教司面向21世纪项目“市场营销专业开展案例教学的方法与实践研究”(1998—2000年),湖北省教育厅立项项目“本科课堂教学备教批辅四环节的规范与创新研究”(2012—2014年)。

支持指导学生完成若干教学项目研究,包括“市场营销教学案例库建设”(汤定娜,2004—2006年),“市场营销网络资源库建设”(应斌,2004—2006年),“研究型教学方法及其应用研究”(刘新燕,2005—2007年)。

教学项目的研究,重在应用。以“市场营销专业开展案例教学的方法与实践研究”为例,通过研究将案例教学法归纳为如下四种类型,并分别进行研究,将成果运用于课堂教学之中。

(1)文本案例教学法。研究基础上出版了两部《中国企业营销案例集》,被广泛用于教学之中。

(2)音像性案例教学法。研究基础上自写脚本,与学校现代技术教育中心(原电教中心)合作,拍摄、制作了音像案例片《商海潮》,也被广泛运用于教学之中。

(3)模拟性案例教学法。在研究基础上,不仅在课程教学中广泛运用角色模拟方法进行教学;而且引进软件,在国内较早地开设了“营销(计算机)模拟”课程。让学生组成团队(企业),运用计算机进行营销模拟决策。

(4)调研性案例教学法。也称“活案例教学法”。学生团队通过对实地或虚拟企业的调研、分析、策划,作出营销决策,并将结果编写出相关案例。

我们深深体会到,教学项目的研究和应用,对于改进教学方法、提高教学效果是非常重要的,应该作为每个教师的职责之一。

(二)注重学科建设方面的研究

1.注重课程建设

(1)“十一五”期间,主持了国家级精品课程“市场营销学”的建设(2004—2009年),并建立了精品课程网站。

(2)主持申报了“十二五”中国大学精品视频公开课“价值营销概说”。已于2012年12月正式上网。

(3)主持申报了“十二五”国家级精品资源共享课“市场营销学”。

为促进精品课程的建设,曾应邀到上海交通大学、内蒙财经学院、河南大学、湖南工商学院、山东工商学院、广西财经学院、南京工商学院等高校就“精品课程建设”问题进行了交流;受教育部高等教育研究中心委派,承担了湖北省“十二五”国家级精品资源共享课申报和建设培训班的培训工作。为教育部质量工程的实施和全国精品课程的建设作出了贡献。

(4)承担了高等教育出版社“名师名课资源库建设项目”中《市场营销学》的拍摄。

2.注重专业建设

主持申报、并完成了湖北省品牌专业“市场营销专业”的建设(2006—2010年)。为专业建设付出了努力。

3.注重学科团队建设

在团队建设中注重对青年教师的培养和指导:

(1)培养青年教师攻读博士学位。所指导的19位博士研究生中,有17位是来自高等院校或毕业后到高等院校从事教学工作的中青年教师。除在读期间的指导外,学生毕业后仍然在教学、科研方面给予帮助和指导。

(2)指导青年教师提高教学水平。多次主动组织青年教师,为他们讲解“如何写好教案”、“如何教好第一课”。并将自己的教案发给各位青年教师参考。深入某些青年教师课堂听课,帮助他们改进教学。有多位青年教师在学校组织的青年教师授课竞赛中获得奖励。

(3)指导青年教师搞好科研。多次参加学院组织的青年教师申报国家基金项目的评议会议,指导和帮助青年教师申报国家基金项目。每年都会为几位青年教师修改项目申请书。有多位青年教师分别获得了国家基金项目和教育部人文社科项目的资助。

(4)承担了青年教师上岗前的培训工作。多次承担校人事部门组织的青年教师岗前培训工作,以《教师 教学 教研》为题,进行了讲座。

通过团队的共同努力,使市场营销专业实现了教育部质量工程中"国家级教学名师+国家级精品课程+国家级精品教材+国家级优秀团队+省级品牌专业"的结合。

在四十多年的教学生涯中,我深深体会到:既然选择了教师职业,就要用心去搞好教学,既要注重教学的规范,又要注重不断创新,用毕生的精力去维护"人类灵魂工程师"这一崇高称号,争取做一个合格的教师。

真诚祝愿大家:一生过得充实,快乐,幸福。真正做到"当你回首往事的时候,不为碌碌无为而羞耻,也不为虚度年华而悔恨,更不为违背良知而愧疚"。

适应形势需要、深化教学改革、培养创新人才

西安交通大学　马知恩

马知恩,1935 年生。教授,博士生导师。美国访问学者,现任高等学校大学数学教学研究与发展中心主任;西安交通大学国家级教师教学发展示范中心主任;J.of Theoretical Biology(USA),J.of Biological Dynamics.(USA)等 4 种学术性杂志的编委。曾任西安交通大学数学系主任、理学院院长,全国工科数学课程教学指导委员会主任,中国数学学会生物数学专业委员会副主任等职。科研方向为微分动力系统与生物数学。讲授高等数学等 12 门本科生或研究生课程。培养了硕士生 43 人,博士生 11 人。承担了教育部的教学改革项目 10 项,国家自然科学基金和国家科研项目 10 项。发表学术论文 160 余篇,其中 SCI 检索 60 余篇,在全国性期刊上发表教学论文 10 余篇。出版教材 10 套,专著 5 部,译著 1 套。曾获国家级和省部级奖励 13 项(11 项排名第一)。1991 年获全国优秀教师称号,2003 年获国家首届教学名师奖。曾多次赴美国、意大利、加拿大、德国、日本、荷兰、比利时、西班牙等国访问、合作研究和讲学。

摘要：

培养创新型人才要适应当前大众化教育的实际情况，更新教育理念，转变教学思想是培养创新人才的先导，通过知识的传授培养科学的思维方法和能力，加强直观判断能力和应用能力的培养，改革教学方法是培养创新人才的切入点和突破口，改革考核内容和方式方法，反映信息化时代的特征，适应现代教育技术发展趋势。

中共中央国务院发布的《国家中长期教育改革和发展规划纲要》指出："着力培养信念执着、品德优秀、知识丰富、本领过硬的高素质专门人才和拔尖创新人才"。国家《中长期科技人才规划》也提出："到 2020 年，我国要建设一支规模宏大、素质优良、结构合理、富有活力的创新型科技人才队伍"。培养创新型人才是新时期党和国家为民族振兴、强国富民，对我国教育界提出的一项重大任务，是全国各类高等院校共同努力的方向和奋斗目标。

创新人才应具备以下基本的优秀素质：

(1)远大的理想和大无畏的进取开拓精神；

(2)对所从事的事业有强烈的兴趣和好奇心，永无止境地求知欲望和很强的自我学习与探索的能力；

(3)广博坚实的理论和实践基础，科学的思维方法，敏锐超前的观察能力和高度的独立思考能力；

(4)强烈的竞争意识，坚韧不拔的意志和良好的心理素质；

(5)强烈的社会责任感，良好的团队合作品质与人际交往能力。

创新人才的培养是一个综合的系统工程，包含人生观、世界观、性格、思想、心理等素质，涉及一个人的成长、成熟过程。下面仅就课堂教学，特别是高等学校的基础课教学侧面，谈谈自己的一些粗浅的认识和体会。

一、大众化教育现阶段的实际情况

21 世纪以来，我国逐步进入了大众化教育时期，招生规模的不断扩大，使大学生入学平均水平下移。不少教师，特别是不少偏远地区地方院校的教师感到教学困难，认为连教学基本要求都难以实现，何谈创新能力的培养？认为培养创新人才是985学校或者211学校的事，一般地方院校面临的是保证基本教学要求的问题。

应该看到，大学生入学平均水平的下移是大众化教育发展时期出现的正常现象。我国高等学校招生人数1981年为28万，1991年也只有62万，而2011年为675万，30年中招生规模扩大了24倍，这标志着我国国力的强盛以及教育的大发展，有24倍的适龄青年能得到接受高等教育的机会，发展巨大。在这种情况下，平均入学水平会自然下移。正像一些边远地方院校的教师所说，“我们以前能招的学生都被内地扩招去了，而现在的大学生在20世纪90年代都是考不上大学的”。面对大众化教育大发展时期的中国正常现象，我们不应抱怨，而应面对现实，更新观念，改革教学，积极应对。

创新意识，创新精神和创新能力与知识的积累有关，但绝不等同。不少饱读诗书的学者，墨守成规，碌碌无为，而文化水平不高的工人、农民也曾涌现过著名的创新人才。所以培养创新人才是各学校的任务，最多是在创新能力的层次或侧重面上有所差异而已。

不可否认，学生入学水平的下移，差距的加大，加之素质教育使有些基础课教学时数的减少，对这些课程的教学产生了冲击，带来了不少的困难，面对这种状况，应该提倡在德、智、体全面发展思想的指导下，发展个性化的教育，学校应营造多元化的宽松环境，让学生在保证最基本要求的前提下，发展其长项，在其长项方面成为国家的优秀人才。我认为这是大众化教育时期人才成长的一条重要出路。为此，我主张能适当降低课程的教学基本要求，同时在课程要求上实行多层次分流培养。推行完全的学分制，加大学生在教师的指导下自主选择的自由度，使他们能有更大的空间，更多的时间在自己的长项方面发展成才。

当前在一些学校中，在教学要求上有一种不恰当的高攀现象，明知所教学生的基础和能力与二十世纪八十、九十年代比，有很大的差距，但仍采用同样的教材，保持过去的要求，认为这标识自己学校的教学水平，结果导致学生学习糊里糊涂。考试时划定范围，帮助复习，甚至对考出的成绩进行换算，使其正态分布。这种做法，对学生掌握知识、提升学习能力、学风建设方面都是十分不利的。

事实上,教学质量不是看用什么教材,教师教了多少?而是看学生学到了多少。知识的积累固然重要,但更重要的是通过知识的学习,提高学习知识、应用知识的能力。人的学习能力,正是通过从不懂到深入理解的过程来逐渐体会和积累提升的,如果学生学得糊里糊涂,他就不可能体会什么是真正的懂了,没有深入理解,也就无法提升学习能力。这样的学生谈何创新?所以,应提倡"少而精",宁愿教的少些,也要教得精。应该针对学校和学生的实际确定培养目标,正确定位,教学难度要适当,标准合理,但一定要严格要求。这才能真正有利于人才的成长,也有利于学校学风的建设。

二、更新教育理念,转变教学思想是培养创新人才的先导

"钱学森之问"值得我们认真反思。为什么我国人口众多,多年来一直进行教学改革,培养的人才却仍然创新能力不够强?更缺少大师级人才?为什么英美等发达国家的学生基础和勤奋都不如我国学生,却出了不少大师级人才?为什么与我国相比,他们对内容的讲解和对学生的管理随意性较大,但学生的创新能力总体上却比我们强?所以,培养创新型人才,不是教学内容的多少问题,也不是教学方法的改进问题,首先是培养人才方面的一系列理念问题。是重知识,还是重能力?以教为中心仅考虑如何传授知识,还是以学生为中心引导学生去发现和构建知识?是统一要求,还是鼓励个性化发展?是强制性地灌输,还是激励学习兴趣、引导独立自主的学习?对教学的要求和重点,是仅着眼于知识的系统性、严谨性以及方法和技巧,还是着重于观察事物的观点和解决问题的思想和方法?如果不从如何培养人才的教育理念和教学思想来一个大转变,仅考虑教学内容和教学方法的改良,是不可能有大的突破的。

三、通过知识的传授培养科学的思维方法和能力

创新要以创新思维和创新能力为基础。创新思维和能力要通过知识的学

习和不断地积累,从前人的发现、发明创造中去汲取,在实践中不断发展和提高。

著名的美籍匈牙利数学家乔治·波利亚(G.Polya)在谈到欧拉对他的影响时说:“在前辈数学家中欧拉对我的影响最大。主要原因在于,欧拉做了一些才能相当的伟大数学家从没有做过的事,即他解释了他是如何发现他的结论的,对此,我如获至宝”。

我们在讲解一个问题的求解时,应该努力去发掘所采用的方法是怎样想到的,应该从一个初学者的心态出发,向学生揭示求解的思维方法,而不是照本宣科的复述。

20 世纪最伟大、最有影响的荷兰数学教育家,弗兰登塔尔(H.Freudenthal)有一句名言:“没有一种数学思想,以它被发现时的那个样子发表出来。一个问题被解决以后,相应地发展成一种形式化的技巧,结果使得火热的思考变成了冰冷的美丽。”

优秀的教师不仅要讲清知识,而且要着力于去向学生揭示那些“火热的思考”,引导学生去发掘和领会那些“火热的思考”。那些“火热的思考”的积累,就是学生创新思维的基础,而学生发掘和领会那些“火热的思考”的能力,就是学习能力的核心,也就是他们将来创新能力的重要组成部分。

对一个学习者来说,不怕不懂,就怕不知道自己不懂。遇到问题知道自己不懂,可以去钻研或请教别人把它弄懂。在弄懂的过程中提升自己的学习能力。然而有不少学生,学的糊里糊涂却并没有意识到自己不懂,或者理解的很肤浅,知其然不知其所以然。这样的学生将来只能模仿,难以创新。建议教师利用答疑时间,找学生来置疑,通过问学生问题的方式进行具体的指导,让他们体会怎样去深入钻研,提升他们的学习能力。

能否向学生揭示隐藏在“形式美丽”后面的“火热思考”,反映了教师本人的学术水平。教师应积极参与科学研究,科学研究不仅能及时地更新教学内容,而且能用更高的观点和更宽的视角来讲解教学内容,用自己的研究能力去深刻理解教学内容的实质,揭示渗透在内容中的“火热思考”。

青年教师现在都具有较高的学历,容易轻视本科、特别是一些基础课的教学,认为这些内容都很浅显。其实教学是非常深入、细致的工作,这些基础知识,我们尽管过去学过,但不一定都学懂了,懂了也不一定理解透了,自己理解了怎样让学生能理解,怎样揭示它们的本质,传授科学的思维方法等,都需要我们花费精力去深入钻研教学内容,认真地进行教学设计。

例如,讲解微积分中导数与定积分概念时,不少数学老师仅局限于数学形式的表达和几何物理意义的阐述,对这两个重要概念的实质以及所反映的思维方法揭示不够。事实上,导数与(定)积分分别是处理均匀量的“商”和“积”两个概念在处理相应非均匀量中的发展。譬如,对运动变化而言,我们需要从微观的角度来研究运动变化的快慢;也需要从宏观的角度去研究运动位移在时间间隔里的改变量。对于均匀变化来说,这只要分别运用除法和乘法即可,但对自然界和科学技术中大量存在的非均匀变化来说,人们是利用和发展已知的除法和乘法去解决未知的非均匀变化中的相应问题。

基于在微小局部非均匀可近似看作均匀的事实,利用让近似转化为精确的极限思想,将商和积分别发展为导数与(定)积分,使相应的问题得到解决。显然,这种思想的贯穿,对这两类微积分基本概念实质的理解、认识其重要性和今后的应用都会产生重要的影响。

四、加强直观判断能力和应用能力的培养

著名的解析几何和现代哲学之父笛卡尔曾经说过:“只有两种方法使人们获得真正的知识:清晰的直觉和必要的推理”。过去我们的数学教学中强调了“推理”方面的讲解和训练;但对“直觉”重视和训练很不够。

事实上,发明创造大多并非产生于推理,而是首先来自直觉,人们根据自己已有的知识和经验对事物先有一直觉的猜测和判断,然后再通过实验、推理等方法进行研究和验证。

北美教学中通过图形、数据等培养产生直观判断能力的一些做法对我们的教学有所启示。例如下面两个数学中微积分的考题在我们以往的数学教学中是罕见的。

下列积分中,哪个是小于零的?

(1) $\int_{-3}^{2} f(x)\mathrm{d}x$　(2) $\int_{-3}^{2} f'(x)\mathrm{d}x$　(3) $\int_{-3}^{2} f''(x)\mathrm{d}x$　(4) $\int_{-3}^{2} f'''(x)\mathrm{d}x$

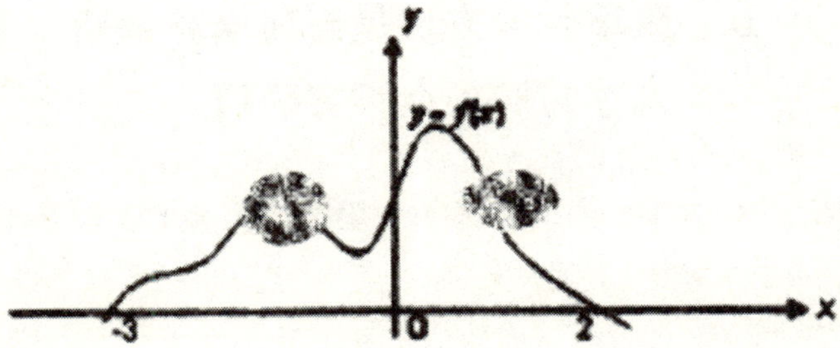

(2)设函数连续，且对所有的 x ，$f(x)>0$ 且递减

$g(x)=\int_{2}^{x}f(t)\,\mathrm{d}t$ ，下面表格哪个最可能表示函数 $g(x)$ ？

x	g
1	−2
2	0
3	1

x	g
1	2
2	0
3	−1

x	g
1	1
2	0
3	−2

x	g
1	3
2	0
3	2

x	g
1	−2
2	0
3	3

人们认识世界的主要目的在于改造世界。因此，加强应用能力的培养和训练至关重要。以往涉及应用能力时往往强调分析问题、解决问题的能力，其实对于创新型人才来讲，分析问题、解决问题的能力固然重要，但更重要的是发现问题、提出问题的能力，只有善于发现问题，并能把它变成本学科研究的问题，才能出原创性的结果，才能走在世界的前列。

应用能力的培养不仅涉及学科内容的选取，还涉及对内容的处理和讲解的方法。是让学生盲目地接受还是批判性地继承；是强制性地灌输，还是启迪和引导学生一起探索，这对人才的成长将产生深远影响。

拓宽应用的领域，增强应用问题的趣味性，加强综合运用知识的训练，对学生应用能力的培养都十分重要。数学建模课的设立以及数学建模竞赛等活动的开展，架设了数学与实际应用的桥梁，为数学应用能力和创新能力的培养开辟了一条行之有效的途径。

五、改革教学方法是当前培养创新人才的切入点和突破口

众所周知，中国大学生与北美大学生学习优劣势的比较是十分明显的。一般来说，中国学生勤奋，基础扎实，而北美学生思维活跃，创新能力强。中国赴北美留学的研究生，课程考试成绩往往名列前矛，但在进行科学研究时就呈现了差距。导致这一现象的原因是多方面的。中国“父母之命”、“师道尊严”从幼儿教育就开始了，与北美独立自主、弘扬个性有着显著的差异。我们多年来教学方法比较单一，导致学生自主学习的意识和能力比较薄弱，应是重要原因之一。20 世纪 90 年代以来，虽然在教学方法方面也进行了一些改革的研究和试点，但由于难度大且集中组织力量不够，尚无重大的突破。少数试点的经验也未能认真总结和组织推广。灌输式、保姆式、应试型的教学方法目前仍占据着大学教学的讲坛，已成为当前创新人才培养的瓶颈，应当引起充分的重视。

作为一名优秀教师，首先要有高度的敬业精神，热爱学生，不能单纯把教育作为自己谋生的手段，而应作为自己为之奋斗的事业，甚至作为一门艺术而不断追求完美；同时要具有精湛的业务水平和过硬的教学基本功。然而在肩负培养创新人才重大使命的今天，仅有敬业精神和教学基本功是不够的，还应为更好地培养创新人才而努力改进教学方法。要摒弃灌输式教学法，大力倡导启发式、互动式的教学法；要通过揭示问题的本质，剖析隐含在内容中的科学思维方法，来启迪学生的智慧；要激发学生的兴趣，调动学生的身心，加强师生互动，引导学生思考；要逐步改变保姆式的教育理念和方法，有意识地培养学生独立自主、主动学习的意识、兴趣和能力。好心的、过细的讲解以及对学生保姆式的管理安排，会让学生产生依赖心理和养成思想懒惰的习惯，妨碍学生独立思考和自主学习，严重影响创新意识和能力的成长。现在的学生，从幼儿园到高考大多都是在家长和老师的“怀抱”中长大的，习惯了“保姆式”的教育，甚至盼望教师仔细地讲解和灌输。作为一名优秀的教师，要从提升学生能力，培养创新人才的长远利益出发，把废除灌输式教学，改变“保姆式”教学作为努力的方向，纳入自己的课堂设计。当然，在培养学生独立自主学习方面也

不能操之过急，要从学生实际出发，修一个有坡度的桥，一头建立在多数学生现有的基础上，另一头则要翘起来，要让多数学生经过努力能上得去。

“互动式教学”、“启发式教学”、“讨论式教学”、“研究式教学”等教学方法，虽然提法的侧重点有所不同，但其共同的理念都是在教学中以学生为主体，以学生为本，以调动学生自身的学习主动性、积极性为手段，以提高学生的学习兴趣、学习能力和创新意识为宗旨，在激发学生潜能、启迪学生思维的过程中传授知识与技能，促进学生知识、能力、素质的综合协调发展。

当前基础课的教学，大多采取大班授课的形式，这给互动式教学的开展造成了一定的困难，我主张在条件允许的情况下，精讲内容，适当压缩大班授课时数，增添小班辅导课。另外，在大班互动中常用的有效方式是提问、辩论、边讲边练等，运用这些方式时，关键在于内容的精心设计，题目要围绕重点，激发兴趣，针对一些似是而非、易错或易于引起争辩的内容，提问要短小，要由浅入深地引导，教师要善于控制掌握，要营造平等和谐的活跃气氛，教师在提问和引导讨论时，最好能在学生中间穿插走动，要注意放大学生回答的声音，引起全班学生的关注，提问要尽量减少学生难堪局面的出现，以鼓励为主，及时点评引导。

以“PPT”为主要形式的多媒体辅助教学方式是否适合像数学这样推理性较强课程的教学？当前仍有不少争论。我个人认为，多媒体是一种先进的教学手段，应当注意采用。但对推理性较强的课程教学来说，它只是一种辅助的教学手段。那种强制使用多媒体，认为不用多媒体教学就不先进的极端做法，和那种在教学中一概排斥多媒体的做法都是片面的。多媒体的使用应视课程的性质和内容而定，应与传统板书教学形式有机结合，相辅相成。直观性较强的图形，适于动态描述的现象；大段叙述性的抄写，内容的归纳总结等，适当地采用多媒体既可节省时间还可增强效果。而定理的证明，推导演算的过程，传统的板书教学形式更有利于引导学生的思维，吸引学生的注意力。特别是应鼓励利用多媒体的优势，弥补板书的不足，更形象、更深刻地去揭示现象和问题的实质。总之，如何取舍，应有利于学生的接受和理解。多媒体与板书配合使用效果的好坏，也与教师的教学特点和驾驭能力有关。那种为了节省备课时间，把讲稿搬上屏幕，照本宣科的做法必须杜绝。

六、改革考核内容和方式方法

对课程的考核不仅关系着对学生学习质量的科学评定,而且实际上作为一个指挥棒,对教师的教和学生的学起着重要的引导作用,当前一些课程(例如数学课)的考核大多局限于知识点和运算能力,而忽视了对概念的理解和科学思维方法的考查,理想的考核不仅要正确评价学生知识点的掌握情况,而且还要反映出学生在该门课程学习中所获得的能力和素养,及测试学生应用所学知识解决问题的能力水平。

对学生学习情况的评价不应是期末一卷定音,应该既看考试成绩,也兼顾学习过程。目前不少学校的教师正在进行多样化考核方式的试点。例如,把学生在课堂上师生互动中的表现,辅导课中的表现,平时作业,随堂练习,课外科研训练等情况也纳入总评成绩。除闭卷考试外,还采用读书报告,课外大作业,在线测试,半开卷或开卷考试,笔试加口试等多种评价方式。

在一些大面积基础课的教学中,一般都采用全校统一考试的方式。这在保证教学质量方面发挥了良好的作用。但也制约了教师创新性的个性化教学,对教学改革产生了一定的约束。建议学校相关领导鼓励教师积极进行教学改革的试点,对那些有明确的目标和具体的计划,且经过领导批准的改革试点,应该允许单独考核。

考核与教学改革紧密相关,相互制约,考核的内容和方式不改革,教学改革难以开展,更难以坚持;脱离了当前教学要求的考核,必然造成大面积的不及格,从而也行不通。所以教学与考核两者的改革要协调进行,既要积极改革又不宜操之过急,步伐大的改革应先行试点,再逐步推广。

七、反映信息化时代的特征,适应现代教育工具飞速发展的趋势

进入信息化时代以来,计算机、网络、通讯等信息化技术的飞速发展,对高等教育产生了巨大的冲击。知识的爆炸,知识更新速度的加快,以及学生从业岗位的不稳定,更加突出了基础和能力培养的重要性;时间和距离的缩短,加

速了全球化的进程，要求我们所培养的人才更具有国际的视野、竞争的意识和能力；信息技术的发展，使知识与能力的内涵发生了变化，例如，对数学来讲，从手算发展为机算，从传统的公式发展到典型算法和专用软件，从寻求精确解发展到数值模拟与仿真；现代教育技术的运用导致了知识获取渠道和方法的变化。从书本发展到数字化资料，使启发互动等先进的教学方式方法有可能固化在数字化教程中，使声像、答题、自测等教学环节溶入学生的自主学习；计算机的普及与网络的发展使优质教学资源可以跨越式地传播，开放性地共享，个性化地选择。各种媒体技术在教学中的综合运用，先进教学工具的使用，精品视频公开课和精品资源共享课的广泛建设，以及网上资源的获取和网络教学的发展等等，已成为传统教学方式的重要补充和发展方向。

面对上述种种冲击和挑战，我们必须用前瞻性的眼光去考虑课程知识的结构和教学内容的更新，必须转变教育理念，掌握先进工具，创新教学模式，更新教学技术以适应信息化时代培养人才的需要。

值得注意的是，在引进实用方法和先进工具的同时，要正确认识基础理论在人才培养中的作用，正确处理必要的科学素养与实用方法的关系；传统方法与基本技能与先进计算工具使用的关系，防止片面性的错误。

创新型人才的培养是一个综合的系统工程，需要多方面协力配合，需要较长时期的熏陶与锻炼。以上我仅结合自己所从事的数学基础课教学，就学生创新思维和创新能力的培养方面，谈了一些个人的粗浅认识和体会。由于本人学识与所教课程的局限性，片面与错误之处在所难免。请老师们批评指正。

教师三敬畏

中山大学　王金发

王金发，1947年生，安徽东至人。美国洛杉矶希望城访问学者。现任中山大学生命科学学院教授、博士生导师；中国细胞生物学学会教学普及委员会副主任、广东省遗传学会副理事长。先后主讲过十门本科生课程，其中《细胞生物学》、《现代生命科学》、《细胞与遗传学实验》为国家级精品课程。以王金发教授为带头人的“细胞生物学与遗传学研究性教学团队”于2007年被评为国家级教学团队。先后主持国家和广东省自然科学基金研究课题8项，主持教育部教学研究项目10项、广东省教学研究项目10项。主编教材5部、词典1部、网络课程电子教材2部、教学辅助读物4部。先后发表教学研究论文40余篇。其“研究性教学理念”、“开放式、研究性教学模式”、“名师、名课、名教材、名专业”的“四名”工程建设连续两届获国家级教学成果二等奖、获广东省教学成果一等奖。《植物基因转化系列新技术的研究》获国家科技进步三等奖（第三完成人）。先后发表科研论文100余篇，其中SCI收录论文30余篇。2012年，王金发教授团队在植物天然免疫识别机制研究方面取得重要进展，发现了两个能够同时识别真菌与细菌的特异性病原相关分子，并引发天然免疫反应的水稻膜蛋白受体。研究论文“Lysin Motif-Containing Proteins LYP4 and LYP6 Play Dual Roles in Peptidoglycan and Chitin Perception in Rice Innate Immunity”在植物学领域国际顶尖杂志 The Plant Cell 发表(The Plant Cell, Vol. 24:3406-3419, August 2012)。

王金发教授被评为广东省“南粤教书育人优秀教师”,获得国家首届教学名师奖,被评为南粤杰出教师,被国务院批准享受政府津贴,获广东省“五一”劳动奖章。

摘要：

教师一要心存敬畏才能被学生敬畏；教师二要敬畏教学；教师三要敬畏课程；教师四要敬畏讲台。

2012年9月15日温家宝同志在清华大学演讲时说：今天我们要培养和重塑民族的道德理性，就必须汲取传统文化的精神营养，倡导心存敬畏、行己知耻、诚实守信的社会道德观，对社会要有奉献精神，对他人要有责任感，对弱者要有同情心，养成情操高尚的人格。这不仅是对社会的责任，对他人的尊重，更是人的自信与庄严。

中国人自古以来就倡导知恩图报、诚实守信的社会道德观，同时告诫自己要心存敬畏，有所顾忌与约束。孔子曰："君子有三畏：畏天命，畏大人，畏圣人之言。"德国的康德则说："头上的星空和内在的道德律，于我心中充满着常新的、益增的敬仰与畏惧，我们越常思考，便越坚定它。"

2013年1月9日，卷入博士论文剽窃丑闻的德国教育和科研部长安妮特·沙范最终决定辞职。她的母校德国杜塞尔多夫大学1月5日决定，因其32年前的博士论文剽窃，取消她的博士学位。

"教师是人类灵魂的工程师"，但教师不能总以育人者自居，教师应有三忌：忌无德（师德）、无术（学问）、无心（爱心）；更重要的是，结合教师的职业道德与敬业精神，教师需有三敬畏：敬畏教学、敬畏课程、敬畏讲台。

一、心存敬畏才能被学生敬畏

"敬畏"的意思是既敬重又畏惧。"敬"体现出一种认识态度，一种价值追求，一种精神境界；而"畏"则表示一种界限，一种警示，一种自省！

人无完人，金无足赤。每个人的天性中都有弱点与不足：或意志薄弱、经不起挫折，或性情急躁，或爱慕虚荣，或贪图享乐，或贪财好色、嗜赌贪杯，或喜欢恭维、拒绝批评等。若不能正视自身的弱点，不惧怕各色诱惑，终究会身败名裂！因此做人应该时刻心存敬畏、有所畏惧、行有底线。

心怀敬畏是心怀神圣感的尊敬和惶恐，是人生的基本态度与生活信念。心存敬畏，就会行事谨慎，不独断专行；心存敬畏，就会善解人意，将心比心；心存敬畏，就会自觉戒惧意念，不思非分；心存敬畏，就有了虚怀若谷的君子风度；心存敬畏，也就有了如负泰山的神圣责任。有了心存敬畏，才会三思而后行，不再莽撞；有了心存敬畏，才会审时度势，永远谦逊与平和。

民谚有云"万事劝人休瞒昧，举头三尺有神明。"说的是，若瞒天过海，是逃脱不了天眼的！敬畏是自觉接受天眼的监督与保护！人若无敬畏，一定要为此付出代价！

2011年3月2日德国前国防部长古滕贝格因为博士论文《宪法与宪法条约：美国和欧洲的宪法发展》中的一段，和2003年登载在《新苏黎世报》周日版上的一篇文章以及列支敦士登学院2004年发表的一篇报告几乎一模一样，且在论文中没有注明引用出处，被其母校德国拜罗伊特大学收回先前授予的博士学位而宣布辞去国防部长职务。

2009年武汉理工大学校长周祖德及其博士生谢鸣用删减的方式抄袭智利科学家罗伯特·卡迪纳斯（Roberto Cardenas）的论文《使用双馈感应机器的风力——柴油发电机》，该论文由智利麦哲伦大学、圣地亚哥大学和英国诺丁汉大学的5位科学家完成。周祖德的论文与智利科学家标题仅有一词之差，经过对比，二者的实质性区别，也只在于篇幅。周祖德、谢鸣论文中的所有图表，都与原论文一模一样，绝大多数是智利实验室中得到的实验结果。周祖德、谢鸣论文中的所有方程式，都与原论文中的一模一样。许多段落也如出一辙。因正文做了删减，周祖德、谢鸣在文末列了8篇参考文献，恰是原始论文所列25篇参考文献的前8篇。

2009年7月，西南大学副校长黄庆因其博士学位论文第四章抄袭，被取消了博士学位，并被撤销了研究生导师资格。

2012年7月25日厦门大学解除了厦门大学医学院教授傅瑾的工作合同，做辞退处理，同时要求傅瑾本人通过公开渠道，向厦大师生、校友和关心厦大的社会各界人士做出"深刻道歉"，原因是傅瑾的美国哥伦比亚大学博士学位有假。

在科学快速发展的时代，让一些人变得越来越浮躁，越来越急功近利，整天只顾着忙活自己的课题、项目及论文，似乎丢失了灵魂、失去了畏惧道德之心！

明代方孝孺认为："凡善怕者，必身有所正，言有所规，行有所止，偶有逾矩，亦不出大格。”常怀敬畏之心，恪守道德，做到“吾日三省吾身”，自我监督，始终筑牢正确人生观和价值观的堤坝，做到为之能为、不为不能为。

美国总统华盛顿走向总统宝座时，感觉“像是走向刑场的囚犯”，这是对权利的敬畏！这种敬畏可使为官者时刻记住国家权力只有按照授权者的意志即人民的意志行使；经商者时刻敬畏“君子爱财，取之有道”中的“道”，不损人利己、不能见利忘义、依法经商，决不游走在法律的边缘地带。

敬畏不是怯懦与束缚，敬畏是自律与清醒，敬畏是成功者的基本素质。

2007 年教师节温家宝同志在北京师大与师生座谈中指出：国家兴衰在于教育，教育好坏在于教师。

当教师应心怀敬畏！教师之敬，即崇敬、向往与追求！教师崇敬的是教育事业，向往的是成为人师，追求的是在讲台上实现自己的人生价值！教师之畏，即畏惧、守规与修养！教师最为畏惧的是误人子弟，最需要恪守的是教师职业道德，最需要的修养是爱心！成为受学生敬畏的老师！

教师不能总以育人者自居，必须有所敬畏，包括敬畏教学、敬畏课程、敬畏讲台！同时让自己成为学生敬畏的老师！

二、敬畏教学

教师是学校工作人员中的主体，其基本职责是教书育人，因此教学自然是教师的天职！学校的社会功能是培养人才，是国家振兴的事业、民族自强的事业。所谓事业，按《易经》云“举而措之天下之民”，所以，真正的事业，是为“天下之民”谋福祉。这也是尊师重教的缘由！从谋生的角度说，教师也是一种职业，靠它挣一份工资，养家糊口、奔小康！

无论是从事业角度，还是职业角度，教师都要敬畏教学。敬畏教学，就要热爱教学，热爱教育事业；敬畏教学，就要潜心教学，创新理念与模式；敬畏教学，就要关爱学生，教书育人。此外，教师要有责任感、事业心，具有人格魅力和学识魅力！

热爱教学，无论在任何时候绝不懈怠教学，绝不以任何理由推诿教学，不以科研挤教学！热爱教育事业，就是要将教学视为自己的第一生命，加强自身的修养，燃烧自己，照亮学生！

潜心教学，要不断研究教学，更新知识，创新教学理念，创新教学模式！使教师自己成为一部活的教科书，有人格魅力与知识魅力，增强教师自身的磁性，更强地吸引学生。关爱学生，就是要根据学科与社会的发展对人才的要求，带领学生走进知识，激发学生的学习动机，唤起学生的求知欲望，让他们兴趣盎然地参与到教学过程中来，学习与掌握知识，提升能力。要急学生之所急，想学生之所想，不仅传道、授业，更要解惑，不断点化学生，将学生塑造成完整的人。

1997年，我们创新了“研究性教学”理念，提出了教学是责任、是科学、是文化、是艺术的基本观点。2005年，我们的研究性教学获得国家教学成果二等奖！

教学是责任。作为大学教师的第一要务就是教学！从职业的角度，需要承担本科教学，否则对不起一份工资！从事业的角度，更要承担本科教学，国家没有人才，民族没有传人，就等于失去了赖以生存与发展的根基！韩愈说，师者，传道、授业、解惑也！这实际上从民族大业上赋予教师的神圣使命！

教学是科学，是最为博大精深的科学。教学本身就是一门学问，需要研究的问题与内容极多，首先要研究教学内容、教学目标，包括科学目标、人文目标，要研究听课对象及学科基础。

教学是文化。因为课程本身就是人类探索自然和社会实践获取的知识与经验的结晶，因此，教师的教学就是将人类获取的知识文化传授给青年学生，让他们传承先贤的聪慧。教师通过融文化于教学之中，让学生学科学做事、学文化做人。

教学是艺术，要求教师要提高教学的艺术性与感染力。教师虽然不是演员，但胜似演员。教师授课，实际是集编、导、演于一身。更为重要的，电影、舞台剧的观众更多是为了娱乐与休闲，而课程的对象是学生，他们不仅要接受知识，也要陶冶情操。因此，教学艺术比艺术演员应更高一筹！教学的艺术包括语言艺术、媒体艺术、体态艺术与心灵艺术。

三、敬畏课程

课程的涵义有广义与狭义之分，广义上是指为了实现学校培养目标所规定的所有学科的总和，狭义上是指某一门学科。课程教学是教师的基本活动，教师承担的课程通常是学科课程。

学校是培养人才的摇篮，而课程是人才培养蓝图的具体体现。学生通过一门门课程的学习获得知识与学分。各门课程的目标、内容、体系服从于办学宗旨、教学方针、培养目标。教师在课程教学中需根据培养目标的实际要求，精选教学内容，并将其加工、改造、浓缩，通过课堂授课呈现给学生，使学生构建自己的知识体系，培养能力。

教师对课程应有敬畏之心，系统研究，深刻把握，不仅懂主脉，也熟悉枝杈！

敬畏课程，首要的是研究课程的学科地位，研究课程在学生构建的知识体系中的作用；敬畏课程，就是要研究课程体系，研究课程的教学方法与技能；敬畏课程，就是要研究课程的三性，即课程的科学性、系统性、动态性。

教师在讲授课程前，一定要对课程有深刻、全面的研究，并且对课程有较深的感悟，特别感悟教与学的本质差异，完成角色的转变！

教与学有着天壤之别。教是传授知识，学是接受知识。学可以是一张白纸、一无所知；教人者不仅要有知识，而且要有方法！通常说给别人一杯水，自己需要有一桶水！由于学科在发展，即使是讲授攻读博士学位期间学过的课程，也需要花大力气研究后才能开讲！

感悟课程，禁踩红线与误区：学为学分，教为学时。无可否认，有极少数学生为了学分选课，努力程度不够。也有极个别教师为了工作量（学时）而教学，授课的质量不高。敬畏课程，严戒浮躁，在授课的过程中不能丢失教师的灵魂！

充分感悟教学与科研的关联性，积极参与科学研究，通过科研，可以活化课本知识，更新教育观念。仅从事教学，没有自己的科研项目与课题，就会变成教书匠。同样，不能仅做科学研究，不承担本科教学，就失去了教师的资格！

敬畏课程，就要创造一流的课程，努力使自己的课程成为受学生欢迎的精品课程。教育部在《关于启动高等学校教学质量与教学改革工程精品课程建设工作的通知》中指出，精品课程是具有“五个一流”的示范课程，即：一流教师队伍、一流教学内容、一流教学方法、一流教材、一流教学管理。其实，精品课程除了“五个一流”外，还必须是具有一流影响力的课程！

我们先后建设了三门国家级精品课程:细胞生物学、现代生命科学、细胞与遗传学实验。我们的教学团队于2007年被批准为国家级教学团队。团队教师共承担、主讲十一门本科生课程:细胞生物学、现代生命科学、细胞生物学实验、遗传学实验、基因工程原理、生命科学导论、细胞科学与社会、细胞工程、植物组织培养、如何上大学等。

团队教师先后主持十项省部级质量工程项目:研究性教学与研究性学习整合,构建研究性学习的立体化平台、细胞生物学精品课程建设、现代生命科学精品课程建设、细胞与遗传学实验精品课程建设、生物学实验教学示范中心建设、研究性教学与学习理念探索、细胞生物学与遗传学研究性教学团队建设、生命科学与技术人才培养模式创新实验区建设、生物学特色专业建设。

在课程教学中应把握的精髓是“活”,课程活了,课堂就活了,学生就来劲了(有兴趣)!这需要精心设计。如在讲授细胞生物学发展史时,设计了四种不同形式来启迪学生的思维,如下图所示。

细胞的发现及细胞学说的创立
(1665—1838—1858—1875)
细胞学的经典时期(1875—1900)
实验细胞学时期(1900—1953)
细胞生物学的诞生(1953—)

常规式

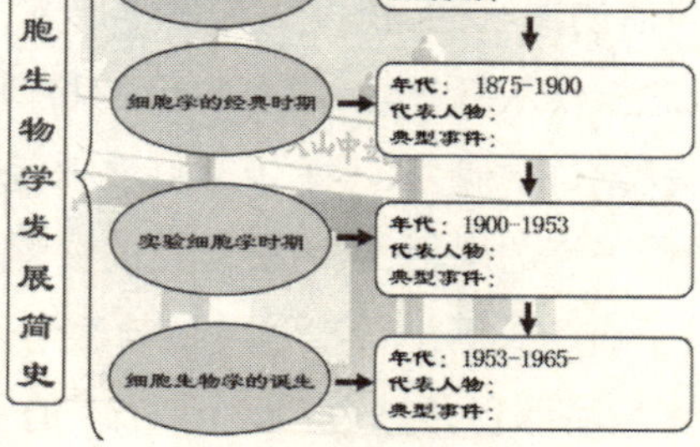

思维导图式(1)

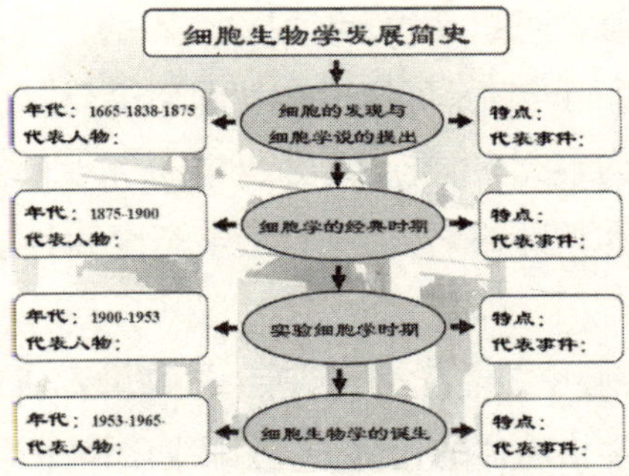

思维导图式(2)

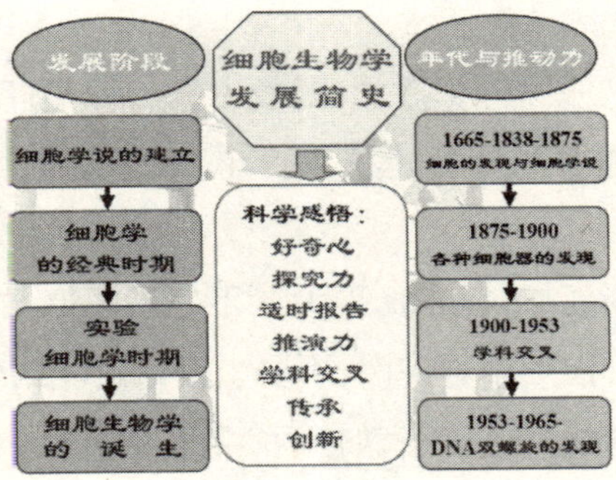

思维导图式(3)

同一个内容,用四种不同的形式去讲授,不仅形式活了,也彰显了教师的敬业精神,更重要的是引导学生多角度思维。我们每轮授课只讲一种方式,但将其他三种形式的PPT送给学生,让他们明白:何谓灵活掌握知识!

四、敬畏讲台

课堂教学是学生学习的重要方式,在大学四年本科学习中约有一半的时间处于听课状态;上课是传授知识、培养能力、提高素质的最重要的教学手段,是实现人才培养目标的基本途径,具有强制性和不可替代性。同时,讲台也是对学生进行素质教育的主渠道。

讲台是实现教师价值的舞台。教师通过讲台透射的人格魅力与学术魅力对学生的世界观、人生观、思想品质、价值取向,都会产生深远的影响。

“台上一分钟,台下十年功”同样适合教师站讲台。三尺讲台,十分学问!学生期望老师的讲课内容充实、重点突出、理论联系实际、授课有艺术;学生通过课堂可以领略到优秀教师的学术造诣、治学态度和科学研究的精神、方法、思路。

敬畏讲台,就是要心中装着学生站讲台、站稳讲台、站好讲台;教师要充分认识到课堂的时间是学生生命的一部分,教师应珍惜课堂的分分秒秒;敬畏讲台,就是要有学术魅力,有独到的学术见解,言之有物;敬畏讲台,就是要授课艺术精湛,能自然地渗透人文知识、哲学思想、科学方法论,点化学生悟性,开启智慧大门。

耶鲁大学的教授“重视课堂教学,对教书有一种几近宗教的崇敬”,“教书比天大”已成为耶鲁精神!耶鲁建校三百年,从未发生过教授因天气恶劣而随意停课甚至调课的现象。

敬畏讲台,就是要倡导“教学比天大”,不轻易调停课,不以“跑”项目为由冲击讲台!敬畏讲台,倡导站着讲课,不要坐以论道!站着讲课可提高教学效果。合理、科学地借助教师的体态,如挥手、踱步,增强课程感染力。学生在听课过程中往往会通过微笑、点头、挠头等动作对课程做出反馈;教师要及时捕捉、收集课堂信息,这就要求教师授课时不仅要站着,而且要不断地环顾课堂,做到与学生心灵相通。眼睛是心灵的窗户,授课中教师与学生间心灵语言的交流更多的是通过眼睛来传递的,倘若坐着讲课,电脑视屏遮住了教师的脸,“无颜面对学生”的讲课,何来眼神与心灵的交流?何来“生命之光”?

五、结　语

教师教学成功与否,最好的反馈就是学生的评价,从某种意义上说,学生就是产品。多年来,我们的教学不仅得到中山大学生命科学学院本科生的认可,也得到外校学生的认可。中山大学生命科学学院 2005 级学生这样评价:

> 时间很快就过去了,传说中的细胞课就这样快结束了,细胞是大三上半学期的主旋律,几乎占据了我学习时间的一半,但是,收获却是其他课

远远不可以比拟的，现在我对这一学期做一个小小的总结。在这个学期中，我完成了以下工作：每章过后写一份提要；每章过后做一个总结，写了一份 outline；读书报告；教科书找错与建议；命模拟题。很紧凑，也过得很充实。

一个学期很快——如果没有细胞的话，一如既往，一个学期很快过去——无所事事的日子总是轻松愉快，一个学期不短——如果认真学习的话，最终，一个学期还是很快过去——不同的是我已经脱胎换骨。

一个学期的课程，能够让学生脱胎换骨，如此评价，真让我受宠若惊！

山东大学的交换生这样写道：

您好。我是山（东）大（学）的交换生。一学期的交流生活很快就结束了，从王老师的课上，学到了很多，不仅是细胞生物学学习方面，还有很多做人的道理。能有这样一个机会了解中大的精品课程，是我的荣幸。

从老师的身上我还学到了许多做人的道理：诚信、自信、勤奋、对生活保持激情、关心周围的人。今后无论我走到哪里，都要努力学习做人，不然将对不起为我辛勤工作的 10^{13} 个细胞，到老时也会后悔的。这些新鲜的观点使我终身受益。

“珍爱生命，从真爱自己的细胞做起”，这一教育理念在学生中起作用了！

燕山大学一位学生的感谢信写到：

尊敬的王老师，您好！

我本科是燕山大学计算机系的学生，现在哈尔滨医科大学读生物信息方向的研究生。

您的在线课程给了我很大的帮助，带我走进了生物学的大门。您的工作态度，工作热情，教学模式深深地印在了我的心里。中大有您这样的老师真是中大学生的福分！

您的精品课程录下了真实的中大教学，也给了我们更多的学习机会，我在此向您表示感谢！也希望有更多的生命科学的精品课程上网，为广大远地学生服务。

细胞生物学精品课程的网上资源,能改变外校学生的专业兴趣,凸显了一流影响力,但愿此类事件不要发生太多,否则,我就会被“群起而攻之”了!

新世纪、新教师、新挑战

首都师范大学　石　鸥

石鸥，1956年生，湖南新宁人。现任首都师范大学教育学院特聘教授、博士生导师，课程教学研究所所长。兼任教育部基础教育课程教材专家工作委员会委员，国务院学位委员会全国教育专业教学指导委员会委员，教育部教育学专业教育指导委员会委员等。享受国务院政府特殊津贴专家，评为省级教学名师、国家级教学名师。主持国家级精品课程一门、省级精品课程二门。获教育部国家级高等学校教学成果一等奖一次（排名第二），获省级高等学校教学成果一等奖两次（一次排名第一，一次排名第二）。主编的教材有两本被评为教育部全国优秀教师教育资源。

主要从事课程与教学论、教育基本理论、高等教育等领域的研究，特别是课程教材研究，主持各级科研与教研课题40多项，包括教育部“新世纪高等教育教学改革工程”本科教育教学改革和世行贷款项目。

摘要：

新世纪对大学教师提出新的要求，要在客观认识到大学教学不足之处的基础上，探究更适合高等教育的方法，更适合今天的大学生需求的各种方法，来应对我们的挑战，克服我们传统教学的不足。一要认清楚教育的本质。二要认识是谁来教，即大学教师应该具备什么素养。三要把握好教什么。四要学会怎样教，特别关注探究，关注让学生自主学习。五要认识并研究自己所教的对象，我们在教谁。六要改进和完善如何评价学生。

我们注意到一个现象，三十多年前改革开放初期的高等学校，当时的大学教师是什么一种状况呢，只要受过高等教育，有系统的、渊博的专业学识，就一定能当老师。老师们从教主要是专业学识的一种检验，对他们的课堂教学的策略与方法要求不高。当时的学生都是经过“文革”风雨的，所以那种求知的渴望，那种求学的热情，那种多年来经过极左思潮的冲击、恢复高考以后对接受教育、对知识向往的激情，都是今天的学生所无法比拟的，这就使得老师在课堂上可以尽情地传授学识，学生们可以满腔热情地关注老师的教学，来获得自己的知识，所以对老师技巧性的、策略性的课堂教学要求不高。或者说，学生高涨的求知热情可以遮蔽教师教学的不足。这是三十年前的状况。

那么到了十五年前，大学教学开始发生重大的变化。20 世纪 90 年代中后期开始，如果受过高等教育，当然也可能当老师，也可能当好教师，可以登上讲台甚至站稳讲台。但已不再像 20 世纪 70 年代后期到 80 年代那样了。站讲台当老师不是那么得心应手、信心满满了，这时除了专业学识以外，老师们可能需要更多的教学技能、教学技巧，需要费心思去把控课堂局面，不仅仅是专业学识的传授。学生们对老师也不仅仅是满足老师的专业学识了，他们也希望老师有更好的教学能力、教学技巧、教学策略，能吸引学生的学习，激发学生的兴趣。大概这是 90 年代中后期开始发生的微妙变化。今天，进入新的世纪，大学教学可能发生了更大的变化，对老师的要求可能更高了，今天仅仅受过高等教育，仅仅有渊博的专业学识，要想很轻易地当好大学老师，站稳讲台是很不容易的。今天受过高等教育要当老师，要当好老师会有比较大的挑战，难度明显增加。今天的学生对老师的要求，除了渊博的知识、专业水平以外，还需要老师千方百计地调动学生的积极性，更好地使用教学技巧来吸引学生的注意力。所以，今天当好老师与三十年前当好老师有了很大变化。三十年前的课堂，一些老教师回忆起来有很深的感受。当年学生那种求学的热情是几十年来最难忘的经历。那时，在大学的课堂上，经常看到的是学生目不转睛地盯着老师的眼神，听到的是沙沙的笔记声，感受到的是学生平心静气、聚精会神的细微的呼吸声。而今天的课堂上，更多可能是学生打瞌睡，可能是学生在玩手机，可能是学生做其他的事情甚至吃零食。

课堂在变。为什么会变呢？有很多因素：一是学生在变。1977 年恢复高考后的大学生，对知识渴望，对理想渴望，非常珍惜来之不易的学习机会。而今天的学生，学习能力和接受能力很强，知识面很广，可以从多方面获取知识，所以学生对课堂的依赖迅速减少，并且中小学应试教育的后果在大学阶段体现了出来，学生厌烦学习、不喜欢学习、不适应大学的学习生活。二是社会、科技在进步。计算机互联网时代，获得信息的渠道越来越多，获得知识越来越便捷，学生比较容易获得不少课堂上老师所讲的内容。另外，急功近利的浮躁心态，也在不同层面上反映到学生身上。学生求知的欲望仅仅从大学课堂的渠道上似乎很难满足，这对大学教学提出了挑战。这种挑战最终落在教师身上，即对教师的要求发生了变化。三十年前高校教师成功的保障是系统的专业知识、较高的专业学术水平。在新的世纪，一踏入大学的教师岗位，就面临着一系列的挑战。这些挑战仅靠专业知识、专业水平已经不能应对了。尤其是面对独生子女几乎占领的大学课堂，这种挑战是前所未有的。这是我们以前很少关注到的，加上教学仍然是在传统层面，缺乏足够的创新，就更加加剧了这样一种挑战。

一、大学教学的不足之处

传统教学跟不上时代的变化，跟不上学生对教师、对教学、对学校的新要求。社会也开始对大学教育提出了不同的批评——在学术层面，大学越来越难以培养出杰出的顶级人才；在应用层面，大学越来越难以培养出出色的技术人才，在量和质上都缺乏有保障的技术人才。

尽管这几年,中国高等教育一直在进步,在不断进步。大学生人数已经超过美国,成为世界上规模最大的国家。但是,中国的高等教育仍然与世界的、亚洲的一流大学有一定差距。所以钱学森教授不断地向我们的政府,其实也是向高等学校,向我们全社会发出一个非常严峻的问题:“为什么我们的学校总是培养不出杰出人才?”为什么社会对大学的批评越来越多,尽管这些批评有片面的地方,有过激的地方,但是大学的不足确实是显而易见的。加之,现在有的学生选择去海外上学,这也是对我们的教育的间接批评。这里的原因非常复杂,但是我们的高等教育也是要承担一定责任的。

反思传统的大学课堂教学,应该改进的不足之处包括以下几个方面。

第一,大学课堂过于注重知识传授,忽视了学生素养的培养。

知识是重要的,但仅有知识是不够的。在知识浩如烟海的时代,获得知识的渠道越来越多,获得知识的方法越来越多,获得知识的速度越来越快捷,在高等教育越来越大众化的时代,我们要反思传授知识在大学课堂上的意义和价值。有些老师发出感慨:今天的学生也许成绩很好,但是创造力越来越不够,情感越来越冷漠,身体素质越来越差。这种现象有社会原因、家庭原因、独生子女原因等复杂因素。但是,也有每个教育工作者的原因。在一定程度上,我们辛辛苦苦培养的是考试成绩越来越好,但是越来越不喜欢学习的人。也是在这个维度上,我们辛辛苦苦培养着成绩越来越好,情感越来越冷漠的学生,他们缺乏亲情、缺乏友情、缺乏宽容之心、缺乏关爱之心,我们看到学生缺乏积极主动的学习态度,缺乏正确的人生观、价值观。这些复杂的因素,在学校得到了集中反映。缺乏足够的创造力,缺乏杰出的顶级人才,所有教育都要承担起这个责任,甚至全社会要承担起这个责任。但是高等教育尤其应该正视自己的不足,其中一个不足就是过于专注知识传授,对学生的创新精神、实践能力培养不够;对学生的执着追求、求知欲望、终生学习欲望关注不够;对学生的人文素养、科学素养关注不够。

第二,过于注重的是课本知识传授,是课程知识的传授。

知识有很多种类型,有感性知识和理性知识之分,有显性知识和隐性知识之分,有直接知识和间接知识之分。当前比较权威的分法就是 OECD(国际经合发组织)的分类,根据知识的表现层次而进行分类,把知识分为四个层面:KNOW-WHAT 的知识(关于什么的知识)、KNOW-HOW(关于怎么做的知识)、

KNOW-WHY(关于为什么的知识)、KNOW-WHO(关于从哪里获得知识,谁有知识的知识)。尽管这四种知识不是截然分离的,但其主体倾向是不一样的。从古至今、从基础教育到高等教育,我们在学校里面学习的知识更多地是落在KNOW-WHAT的知识层面上的,落在广义的"是什么"的知识方面,即有标准答案的知识,有正确的解的知识。这种有标准的答案的知识的优点是能够正确给分,能够正确判断正和误、是和非。"是什么"的知识有正误、有对错,容易较客观地评分,容易判断。它是一种求同的知识,求标准答案的知识。求同的知识是重要的,但仅仅关注求同的知识是远远不够的。因为大学生、研究生走出校门,走向社会,他们可能遇到很多暂时甚至很久都没有答案的知识,是一种求异的知识。如果课堂教学仍然把大量的时间、精力耗在这种有标准的、有正确的答案的内容上,忽略学生创造力的开发、求知欲望的激发、批判思维的培养,学生将会越来越难以应对未来的严峻挑战。而"是什么"的知识是我们每一个人需要的,但是,又必须超越知识,不能满足于在这种知识上。而且这种知识是检验教师水平的知识,是拉开教师差距的知识,教师的高水平一定是体现在更高层面的知识上。真正能够检验教师水平的是由知识达到更高的精神层面——创造性的素养,以及非智力因素、情感态度维度的获得。这才是我们特别看重的,特别需要培养的,这不是一般意义上的知识传授就能获得的。所以我们需要这种知识,还得要超越这种知识。

第三,在不同程度上我们不但过于注重知识传授(课本知识),而且往往是用传统灌输式的方式来讲授并使学生获得这种知识。

讲授法是重要的课堂教学方法,因为讲授法在一定程度上是效率比较高的一种方法,但仅靠讲授是不够的。我们需要老师们充分利用现代媒体手段丰富教学,充分构建学生的学习共同体,促使学生自主学习、合作学习、探究学习。

二、新世纪对大学教师的新要求

我们需要探究更适合高等教育的方法,更适合今天大学生需求的各种方法,来应对挑战,克服传统教学的不足。

第一,要认清教育的本质。教育是一个非常复杂的培养人的活动,对这种活动的研究就构成了教育的科学。因为教育是培养人的活动,它几乎和所有的人都有关联。所以,在某种意义上我们可以说教育是最简单的事情,是任何人都有一定体会的事情。但是,教育又是最复杂的,复杂到几乎没有人能够完全解释清楚,更没有人能够完全解决这些问题。袁枚有一首诗:“五丈以上尚是水,十丈以上全为烟,况复百丈与千丈,云水烟雾难分焉。”没有一个人能科学地告诉我们怎么去教育学生,怎么能上好一堂课,没有一种研究能够正确地教我们操作一种程序去教人。课堂永远没有重复的课,这是非常复杂的一个现象。所以,要充分认识到教育的复杂本质,要持续关注并研究我们所从事的教育事业。

第二,大学教师应该具备的素养。教师应该具备的基本素养除了专业学识外,还要有广博的通识性知识,有教育学、心理学方面的知识。今天尤其要强调教师的职业道德。教师一定要热爱自己的职业,要相信自己能够教好,要相信每一个学生能够教好,要相信来到课堂的都是优秀的年轻人。所以我在这里提出的一种说法就是“走近学生,也要走进学生”。物理意义上,走近学生,多和学生接触,同时要走进学生,走到学生的心坎上去,成为学生信得过的人。要想当好的老师,除了专业类知识以外,每一个教育工作者一定还要具备教育类知识、实践知识。专业类知识学得好,不能保证能够成为一个优秀老师。实践知识,对教师是特别需要的,是教师发展的一种需求。所以要做好一名大学的优秀老师,教学教得好,应该说是一个合格的老师,科研或者是技术好,也应该算一名合格的老师。但是我总觉得稍有遗憾,他是一个合格的老师,但他不见得是一个优秀的出色的老师。大学和中小学不一样,理论上,传授知识应该有一些前沿性问题,有很好的研究心得和体会,结合研究成果转化为教学。总之,教学教得好、科研也好,才是真正能站得住大学讲台的优秀老师。要想成为优秀的老师,还应进行角色转变。我们每一个教育工作者不能把站在讲台上传授知识看成是自己的唯一职责,老师要努力成为学生的精神之师,学生的人生之师,学生的良师益友,学生的学习伙伴,学生的共同研究的合作者。老师除了要帮助学生学习科学知识外,还一定要指导学生规划学业甚至规划人生。

第三,要把握好教什么。高等教育的教材具有自身的特殊性,西方的大学是不规定不指定教材的,用的是教学参考书。教材是从浩如烟海的知识里汲取的精华。教材的第一个问题是编者是谁。不同的编者编写教材的时候都有自己的主观性,其人生经历、学术背景和价值倾向都是影响因素。因此,有一种说法是,一百个物理学家有一百门物理学。第二个问题编写内容。不同的编者编写的侧重点会有所不同。第三个问题是依据什么来选。比如,历史更多地选革命史、农民起义史、党史,而较少选择科技史、经济史,这种选择的依据何在? 不同的人也有不同的看法。为了学生而选,为了学科发展而选,为了这种特定社会、特定政治而选,另外一个重要的问题是,大学课堂知识传授的空无。有一些学生很明确的指出:我很想学的东西,在大学没有学到。这就是在课程理论里的“课程的空无”,本来应该教给学生的,没有教,学生本来应该学到的知识没有学到。有些知识不需要教的我们教了,不需要教那么多的我们反复在教。老师们应该思考,这种课程能不能培养杰出的、优秀的学生? 各个专业领域里面,到底有哪些知识是冗余的,有哪些知识空无了,老师应该如何面对这种不理想的内容结构或课程结构,应如何来弥补内容的不足等。

面对知识迅猛增长又迅速老化的局面,联合国教科文组织发出过这样的感慨:教育内容的确立问题大概从来没有像今天这样复杂、迫切。所以教师要对所教内容进行合理地处置,不断反思所教内容是不是确实代表着学科发展的最前沿或者最精华的内容。前面讲到这个问题,实际就是知识的迅猛增长和知识的迅速老化的问题,就是一个什么样的知识进入课程,进入教材的问题。学生们学了几十门经济学的课,走上社会对经济问题仍然是门外汉,这种现象现在很普遍。现在社会上的就业压力反过来说明教育的不足。我们只关心学生的学,但是我们关注他们正在学什么吗? 学什么这是当今特别需要清晰的问题。坚持一条准则,让他们用最宝贵的时间学最重要的东西,学习那些在互联网上不容易学到的东西,学习终身受用的东西,学习未来竞争离不开的东西。这才对得起学生,每一位教育工作者都应该引起关注。

第四,要学会怎样教,特别关注探究,关注让学生自主学习。在遵循教学基本原则的基础上,要探索大学课堂独特的教学方法。大学课堂最惯用的方法是讲演法(讲授法)。这种方法当然是一种基本的、重要的教学方法,但要想达到良好的教学效果,还必须倡导讨论、实验、探究、小组合作、小组学习等自主学习方法。教师可以将教学任务转化为不同的子任务,让学生分组去探究,去发现问题、搜集资料、写出总结报告、得出研究结论,把这种学习一直延续到课堂外。因此，首先，教师一定要关注如何改进教学方法，尤其要关注让学生自学。其次，教师要帮助学生学会学习，学会自主学习，而且特别注重基本教学规范。再次，教师还需要扩大教育资源。充分利用网络、图书馆、科技馆和博物馆、企业、社会等资源帮助教学，支撑课堂教学，甚至可以借助影视。教师要切实动起脑筋来扩大教学资源，改进教学，以此来提升教学质量。据报道，一位美国高考 SAT 成绩高达 2230 分，逼近满分 2400 分的中国考生，最近由于学习能力差与 SAT 成绩不符，被美国加利福尼亚大学洛杉矶分校退学，转入当地一所社区学院就读。该生就读后遇到了一系列学习上的问题：做不出论文、无法融入小组完成作业、学期演讲忘记发言内容和无法写好期末笔试。每一项都让他感到是留学路上难以逾越的难关。他承认不是因为语言的问题，而是自己完全不适应国外没有老师引导的自主学习方式。这一现象目前是比较普遍的，必须引起关注。

总之，我们在教学方法上要鼓励学生主动参与探究，养成动手习惯，要下大决心培养学生的自主学习能力。我们的目的就是要提升课程的探究性，培养具有创造力的学生。一定要让我们的教学，让我们的课堂充满着智慧的挑战，闪烁思维的火花。这是一种学术的自我思想的碰撞，是最集中智慧交流思想碰撞的地方。

第五，要认识并研究自己所教的对象，即我们在教谁。要培养出优秀的学生，就得认识教学的对象。我们要了解学生，要研究学生。中国大学生多数是独生子女，是在以自我为中心的环境下成长起来的，他们接受能力强、知识面广，但是缺乏团结精神、友爱精神、集体思想，也普遍存在学生对所学专业不感兴趣的现象。在中国的大学课堂上，教师的引导不够，也不多。很多学生不适应，他们可能在学校里碌碌无为地消耗时间、浪费青春。所以我们还要了解学生，要关心学生，要一切为了学生全面、有个性的发展。给动力，给压力，现在的学生在中学的压力太大了，在大学的压力又太小了。整体上，在中国教育体系下，中小学生的负担要远远大于大学生、研究生。

第六，如何评价学生。一个是过程性评价，看学生的参与和表现；一个是客观的结果性评价，通过对学生的考试。目前大学课程期末考试占绝对优势，这种考试有利于学生之间的比较，但很难了解学生本人的进步情况，而且容易导致学生期末突击，应对考试，忽视平时的学习。

我相信，我们的大学课堂能够做到没有强烈的分数束缚，做到没有高考的束缚。我们有可能，也有责任让我们的课堂充满着思想的活力、智慧的活力、青春的活力。相信有一天，学生会对我们每个老师这么说："无论如何，我来这所大学是值得的，我很幸运能在大学遇到您这样一位好老师，我喜欢上您的课"；"老师谢谢您，让我有了一次全新的上课体验"。我相信我们的老师能够做到这一步，愿每一位青年教师都成为一名优秀的老师。

让抽象变得自然

北京航空航天大学　李尚志

李尚志，1947年生。北京航空航天大学数学与系统科学学院教授，博士生导师。1982年5月获中国科学技术大学授予的理学博士学位，是我国自己培养的首批18名博士之一。曾任中国科学技术大学数学系主任，北京航空航天大学理学院院长、数学与系统科学学院院长。连续两届任教育部高等学校数学与统计学教学指导委员会委员、数学基础课程教学分委员会副主任。现任中国高等教育学会理事。曾任国务院学位委员会学科评议组成员，中国数学会理事，中国工业与应用数学学会理事。获中国科学院科技成果奖二等奖。受国家教委表彰为“做出突出贡献的中国博士学位获得者”。获教育部授予的首届“国家级教学名师奖”。三次主持教学项目获得国家级教学成果二等奖。主持的三门国家级精品课程《数学实验》、《线性代数（数学专业）》、《线性代数（非数学专业）》评为国家级精品课程。主讲的课程《数学大观》作为中国大学视频公开课上线。主持编写的教材《数学实验》于2002年获教育部优秀教材奖二等奖。

摘要:

很多人害怕数学是因为数学的抽象。本人通过生动的故事展示了数学魅力和威力,也展示了抽象的魅力和威力。

一、通过有招学无招

从小学到中学到大学,学生都要学习数学。但是,很多学生讨厌数学,害怕数学。很多人害怕数学的重要原因是数学的抽象。一提到抽象就想到空洞、繁琐、无用的说教。

抽象确实是数学的一个重要特征甚至主要特征,也是科学的主要特征。但是,抽象不是坏事而是好事,不是空洞无物而是包含了丰富多彩的内容,不是无用而是法力无边,是数学和各门科学的看家本领和命根子。

中国香港凤凰卫视中文台的一个时事评论员喜欢说一句话:“许多看起来不相干的事情,其实都是相互关联的。”我们可以进一步说:“许多看起来不同的事情,其实都有共同点,甚至都是一回事。”抽象就是从很多不同的事物中找出共同点,总结出共同规律,再用这些共同规律指导处理更多的不同的事情。

在项羽的少年时代,长辈要他学剑法,他不干,说剑法是“一人敌”(只能对抗一个人),他要学“万人敌”(对抗一万人)。兵法就是万人敌。剑法是具体,兵法是抽象,自己不舞剑,指挥千军万马去对抗敌人的千军万马。项羽学会了兵法,歼灭了秦军的主力。这就是抽象的威力。但是项羽输给了刘邦。

刘邦既不学剑法也不学兵法,他的本领是能够让学兵法的韩信、学运筹的张良、学经济的萧何都心甘情愿为他服务,打败了学兵法的项羽。刘邦的这套本事就是政治,或者说是管理,是比万人敌的兵法更抽象的万万人敌。

怎样教学生像项羽和刘邦那样掌握抽象这个“万人敌”、“万万人敌”的强大武器?金庸武侠小说《天龙八部》中传授了一个精彩的教学案例:张三丰教张无忌的太极剑,先通过动作示范教具体的招数,但却不是要求记住这些具体招数而是要求忘记这些招数,教招数的目的是让学生通过招数体会其中蕴涵的“剑意”，在这些抽象的“剑意”的指挥下随心所欲产生自己的招数去克敌制胜。我把这个教学法总结为：“通过有招学无招，无招胜有招。”用到我自己的教学上，就是用具体生动的故事来讲抽象的数学道理。

我为自己主讲的视频公开课《数学大观》写的推介词中是这样说的：

本课程不是用空洞的说教强迫“我们爱数学”，而是用生动的故事展示“数学爱我们”。

在这里我要讲几个故事，不是为了让别的老师用同样的故事去教学生，而是希望他们创作出自己的故事去教自己的课程。

故事1　乐音的频率——等比数列

音乐是由不同频率的声音组成的。声音由振动产生。声音的高低由振动的快慢决定。振动的快慢可以用每秒钟振动的次数来衡量，称为频率。

很自然要问：乐曲中 1(do)、2(re)、3(mi)、4(fa)、5(sol)、6(la)、7(si)、i(do)各个音的频率是多少？

以电子琴为例。不论黑键白键，每个键按下去发出的音都可以作 1(do)，不同的键发出的音是不同调的 1(do)，频率各不相同。因此，“1 的频率是多少”这个问题是没有固定答案的。但是，将 1(do)固定之后，其余各音 2(re)、3(mi)、4(fa)、5(sol)、6(la)、7(si)、i(do)的频率就确定了。可以由 1(do)的频率 f 计算出来。

人的耳朵对声音的高低的感觉是由频率之比决定而不是频率之差决定的。例如，频率依次为 f、$2f$、2^2f…的音，相邻每个音的频率比都是 2，听起来感觉相邻两个音距离相等，每个音比前一个音高 8 度。以其中第一个音为 1(do)，第二个就是高 8 度的 i(do)，第三个是比 1 高两个 8 度的 do。

在电子琴上指定一个键的音为 1(do)，从这个键到高 8 度的 i 要经过 11 个琴键(包括白键黑键)，上升 12 个“台阶”。每个台阶称为一个半音。每上升一个半音，频率上升同一个倍数 q，由 1 到 i 的 13 个音的频率依次为 $f, qf, q^2f, \cdots, q^{12}f$，组成等比数列。其中 i 的频率 $q^{12}f$ 应为 $2f$，因此 $q^{12}=2, q=2^{\frac{1}{12}}$。各音 1(do)，2(re)，3(mi)，4(fa)，5(sol)，6(la)，7(si)，i(do)的频率依次为 $f, q^2f, q^4f, q^5f, q^7f, q^9f, q^{11}f, 2f$。用等比数列将 1 到 i 的间隔分成 12 个“台阶”，这样的音乐体系称为十二平均律。

为什么要将频率 f 到 2f 的间隔分成 12 个“台阶”,采用十二平均律,而不是分成 8 个或者 10 个“台阶”?

绷紧一根弦,弹出一个音作为 1(do),频率设为 f。按住它的中点将弦分成两段,每段的长度是原来的一半,弹出的音的频率变成 2f,就是高 8 度的 $\dot{1}$(do)。两个音的频率 f 与 2f 相差 2 倍,为什么同样都叫做 do? 这是因为,频率比为 2(也就是相差 8 度)的两个音最和谐,可以看成同一个音。例如,两人合唱同一首歌,如果各唱各的调,听起来就不和谐甚至很难听。但如果相差 8 度,听起来就仍然是和谐的。一般来说,同时发出的两个不同频率的音,频率比如果是分数,分数越简单(分子分母越小),听起来就和谐。最简单的频率比是 2/1 和 1/2,两个音相差 8 度,最和谐。其次,简单的分数是 3/2 与 2/3。按住弦的 1/3 点将弦分成两段,其中较长的一段(长度为 2/3)弹出的音的频率是(3/2)f,比频率为 f 的 1(do)高 5 度,就是 5(sol)。二胡的外弦比内弦细,发出的声音更高,两弦发出声音的频率就是 3/2,相差 5 度。如果内弦是 1(do),外弦就是 5(sol)。小提琴四根弦发出声音依次升高 5 度,频率依次为 f,(3/2)f,$(3/2)^2$f,$(3/2)^3$f,如果最低音为 1(do),其余三个音依次为 5(sol),\dot $\dot{2}$(re),\dot $\dot{6}$(la)。

一般地,将 1(do)的频率 f 依次乘上 3/2 的各个正整数次幂,得到以 3/2 为公比的等比数列 f,(3/2)f,(9/4)f,(27/8)f,(81/16)f,(243/32)f,…,$(3/2)^n$f,…以它们为频率的各个音就是从 1(do)开始每次升高 5 度得到的各个音

1(do),5(sol),2(re),6(la),3(mi),7(si),…

由一个音不断升高 5 度产生新的音的这个方法称为五度相生法。

五度相生法可以得到无穷多个不同频率$(3/2)^n$f 的音。但是如果其中某两个频率之比$(3/2)^{k-n}$非常接近于 2 的某个正整数次幂 2^m,也就是$\frac{\left(\frac{3}{2}\right)^{k-n}}{2^m}=\frac{3^{(k-n)}}{2^{k-n+m}}\approx 1$,就可以认为这两个音相差 m 个 8 度,可以看成是重复的。具体计算发现$\left(\frac{3}{2}\right)^{12}\div 2^7\approx 1.0136$,也就是说:数列中每个(3/2)n+12f 与它前面第 12 项$(3/2)^n$f 之比$(3/2)^{12}\approx 1.0136\times 2^7$可以近似地看成 2^7,导致的相对误差约为

1.36%，人的耳朵对这样小的频率误差难以辨认。因此，五度相生法产生的，只有第13个音开始的每个音都与它前面第12个音高7个8度，是重复的。只有前12个不重复。将前12个音的各个频率$(3/2)^n f(n=0,1,2,\cdots,11)$分别除以适当的$2^m$变到f与2f之间，按从小到大的顺序排列，得到的就是从1(do)到i的12个音：

1,1#,2,2#,3,4,4#,5,5#,6,6#,7

不过，由于$(3/2)^{12}$只是约等于而不是完全等于2^7，用五度相生法与十二平均律算出的以上每个音的频率并不完全相等。例如，十二平均律算出5(sol)的频率是$2^{\frac{7}{12}}\approx 1.4983f$，而五度相生法得到的是$(3/2)f=1.5f$。将五度相生法得到的12音的频率经过调整才得到从f到2f的等比数列。另一种调整方式是将每个音的频率调整成分母尽可能小的分数，使它们相互之间尽量和谐，并且与等比数列的差距尽可能小。

五度相生法产生的第13个频率$(3/2)^{12}f$接近2^7f，将它抛弃得到12声音阶。不过，古人首先发现的是第6个频率$(3/2)^5f$与2^3之比0.949接近1，将它抛弃就得到由5个不同的频率f,(9/8)f,(81/64)f,(3/2)f,(27/16)f的音组成的音阶，中国古代将这五个音依次称为宫、商、角、徵、羽。相当于简谱中的1(do),2(re),3(mi),5(sol),6(la)。中国古代有成语“五音不全”，就是因为那时候的音乐体系由5个音组成。一首古诗《荆轲刺秦王》中有诗句“商音更流涕，羽奏壮士惊。”其中的商、羽就是以五音中的商、羽为1(do)的两个调。

后来，人们觉得$(3/2)^5f\div/2^3f\approx 0.945$还不够接近1，因此将$(3/2)^5f$保留而不是抛弃。并且将等比数列从f往前延伸一项得到(2/3)f。将(2/3)f与$(3/2)^5f$分别乘以或者除以2的正整数次幂变到f,2f之间，按从小到大的顺序插到五声音阶的频率中，得到7个数f,(9/8)f,(81/64)f,(4/3)f,(3/2)f,(27/16)f,(243/128)f。以它们为频率的音就是我们熟悉的1(do),2(re),3(mi),4(fa),5(sol),6(la),7(si)。

故事2 生活中的圆锥曲线

下图的照片上是一个台灯照到墙上的明亮部分与阴影的分界线看起来是一条标准的数学曲线。是什么曲线？

有人说是抛物线。有人说是双曲线。只凭肉眼观察怎样区别抛物线和双

图 1

曲线？双曲线有两条相交直线作为渐近线。双曲线无限接近两条相交直线，自身就会越来越像两条相交直线。抛物线不是这样，无限接近于平行而不是接近于相交，而且不是两条固定的平行线而是越来越远的平行线。观察发现台灯的光影曲线越来越接近两条相交直线，不像抛物线而像双曲线。

仅凭肉眼观察不足以断定它是双曲线。还需要进一步观察和思考。台灯虽然不是精密数学仪器，但灯罩是圆台形，下边沿是圆。灯泡安置在中轴上，灯丝在中心，发出的光束被灯罩遮盖之后漏出的光束是圆锥。墙面是平面。墙上的光影就是平面截圆锥得到的圆锥曲线，在图中的情况下就是双曲线。

学生是从解析几何学到双曲线的。台灯没有学过解析几何，为什么能够得到如此精确的双曲线？

台灯没有学过解析几何，解析几何却学过台灯。包括解析几何在内的所有科学知识，都是宇宙间的客观存在，不以人的主观意志为转移，人类出现之前早就存在了。这正如荀子说的："天行有常，不为尧存，不为桀亡。应之以治则吉，应之以乱则凶。"人的作用只是去发现这些规律，顺应这些规律为人类服务，而不能改变这些规律。台灯虽然是人类发明的，但只要人把它做成了这样的形状，平面截圆锥得到圆锥曲线这样的客观规律就会起作用。不要以为平面截圆锥只是考卷上才有，生活中处处都有。台灯的光影，手电筒照到墙上的光影，一次性饮料杯中的水面边缘，都是生活中平面截圆锥的实例。

故事 3　峨眉山的佛光——连续函数介值定理

到峨眉山旅游，最重要的莫过于到舍身崖看佛光。1984 年 8 月，我第一次上峨眉山。到达山顶时将近中午。安顿好住处就直奔舍身崖，希望能等着看佛光。天上艳阳高照，舍身崖下面是万丈深渊，山腰白云缭绕。如果云的高度合适，太阳以合适的角度照到云上，就会产生彩色光环，自己的人影还会投到光环中间，这就是佛光。

那时舍身崖还没有什么游客，只有一名摄影师在那里等生意。我问摄影师："今天能看到佛光吗？"摄影师答："不能。已经有一个星期没有出现佛光了。"他还进一步解释道："你看，山腰的云层太矮。所以今天不会有佛光。

云如果太高，也不会有佛光。云的高度不高不矮正合适，才会有佛光。要想不高不矮正合适，这样的机会很难碰上。

所以只有运气最好的人才能看到佛光。我观察了一会儿，发现山腰的云层在一阵一阵往上涌。就问摄影师："你看，开始的时候云层太矮。但是云层在往上涌，越涌越高。会不会涌到后来又太高了呢？在太矮和太高之间总有一个时候的高度恰到好处吧，那个时候不是就应当出现佛光了吗？"摄影师没想到我发此怪问，无话可答。

我向他问这个问题的时候，心里想的是高等数学中的连续函数介值定理：

一个连续函数如果在某一点的值小于零，另一点的值大于零，从小于零到大于零过渡的过程中必然有一点的值等于零。

我虽然靠这个定理把摄影师说得哑口无言，但心里也知道这个定理未必能让佛光出现，在悬崖边看了一会儿便打道回府，回住处去休息。还没有走到住处，就听见舍身崖那边传来人群的叫喊声："快来看佛光呀！"

转身一看，舍身崖边已挤满了人。我赶快返回，好不容易挤到崖边。趴在地上将头伸到外边往悬崖下看。山底的云层往上涌，涌到一定高度时就出现了彩色光环——佛光。随着云层继续升高，佛光消失了。再升高，这一堆云便散去不见了。山底又涌起新的一团云，升到一定高度再出现佛光。这个过程循环往复，我们便一次又一次看见佛光，好像是普贤菩萨在进行多媒体教学，教学内容就是连续函数介值定理。

故事 4 千手观音有多少只手——集合的一一对应

重庆大足石刻是世界文化遗产。大足石刻有一尊千手观音。导游带领游客参观的时候，会告诉你：这尊千手观音一共有 1007 只手。然后问：1007 这个准确数字是怎样数出来的？

这尊千手观音的手如孔雀开屏般向各个方向伸出，长短各异，方向各异，千姿百态，无一雷同。各只手的位置没有规律。不可能按某种方式排列成先后顺序一只一只数清楚。那么，1007 只又是怎样数出来的呢？

传说清代时有个工匠被请来对千手观音整修，整修时用一张张金箔纸贴在观音的手上。为了数清千手观音的手，每贴一只手他就往桶里扔一支竹签。所有的手都贴完了以后，再数一数竹签，一共有 1007 只。由此，千手观音 1007 只手的说法一直流传至今。

这个简单的办法包含了计数的基本思想：一一对应。将观音的手与金箔一一对应起来，又与竹签一一对应起来，这样，手就与竹签一样多。手不容易数清楚，竹签却容易一只一只数清楚。数出了竹签有多少只，就知道了手有多少只。

一支一支数竹签的时候，又建立了另外一个对应：将竹签依次与正整数 1,2,3…对应。最后一支竹签对应于正整数 1007，这就将竹签的集合与从 1 到 1007 的正整数集合{1,2,…,1007}建立了一一对应，竹签个数也是 1007。

一一对应的方法不但可以数有限集合，也可以数无限集合。例如，我们都知道整数集合可以分成两部分，一部分是奇数，另一部分是偶数。每个奇数 n 对应于一个偶数 n+1，可见奇数与偶数一样多，在整数集合中各占一半。但是，将每个整数 n 对应于唯一一个偶数 2n，也建立了整数集合与偶数集合的一一对应，谁也没有多一个或少一个。可见整数也与偶数一样多。

偶数本来是整数的一半，却又与整数一样多。这样的怪现象对有限集合不可能发生，但对无限集合却发生了。还有更奇怪的：数轴上密密麻麻的有理数集合与稀稀拉拉的整数集合居然也可以建立一一对应，因此也是一样多。如果想知道具体的对应方式，可以到相关的数学课程中去了解。

故事 5 行李箱的密码锁搞乱了怎么办

2008 年 8 月 6 日晚，北京奥运会前夕，我到青海西宁完成了高教司组织的国家精品课程“高等数学”的培训讲课任务之后飞回北京。同行的还有承担培训会议组织工作的高等教育出版社的几位工作人员。排队等候办理登机手续时，高教社的一位领导说她不小心将行李箱的密码锁的号码搞乱了，箱子打不开了，问我是否有办法尽快找到正确的密码。

行李箱密码锁的号码由三个数字组成，总共可以有 1000 个不同的号码。如果一个一个号码试验，需要试验一千次，时间太长。但是，她不是故意将号码弄乱，而是不小心碰到了某个号码才弄乱的，我假定她最多将三个号码中的某一个弄乱了，不大可能同时弄乱两个号码或者三个号码。这样，只要每次固定两个号码，将另一个号码试验 10 次，至多 30 次试验就行了。

她按照我说的这个方法试验，果然很快就找到了正确的密码，打开了箱子。她告诉我：原来的初始密码是 000，弄乱之后变成了 900，按照我所说方法先固定后两位数字，只试验了 10 次就找出了正确答案。受这个结果的启发，我进一步修正了寻找正确密码的方法：

不小心弄乱号码，很可能只弄乱一个数字，而且很可能不会改动很大，最大的可能性是只改变一“格”，将这一个数字加 1 或者减 1。按照这样的假设，只要试验 6 次就行了：在原来密码的基础上将第一位、第二位、第三位分别加 1 或减 1。比如，她的原始密码是 000，弄乱之后的密码很有可能 100、900、010、090、001、009 这 6 个号码之一。

我将这个故事写成一则数学聊斋在博客上发表了。有一位网友留言说他的密码锁也发生了类似的情况，用我说的方法很快就打开了。也有人忠告我不要到处宣扬这个方法，否则会被怀疑我有本事打开别人的密码箱偷东西。还有人担心：如果小偷知道了这个方法，专门打开别人的密码箱偷东西怎么办？这个担心是多余的：箱子的主人知道原来的密码，可以在原来密码的基础上实验少数几次找到新的密码。别的人都不知道他原来的密码，还得试 1000 次。

我这个方法只能说是成功的可能性很大，不能保证一定成功。如果试验了 6 次或者 30 次还是打不开，再考虑别的可能性。例如，有可能 3 个号码“齐步走”同时走了几格，这时只要再试10次就可以打开。也可能齐步走的时候某个键多走或少走了一格，这时可以先将某个数字加1或减1，再齐步走试验10次，试验60次可以打开。总之，3个数字变动越小的可能性越大，变动越大的可能性越小，按照可能性由大到小的顺序试验，总比穷举1000次要好。

故事6　足球的圆与方——概率

中国足球界的人士喜欢说：“足球是圆的。”就是说足球比赛的胜负有偶然性。弱队有可能战胜强队，强队有可能输给弱队。每当弱队战胜了强队，或者虽然没有战胜但有好的表现，他们就会兴奋不已高喊：“这就是足球！”

足球确实是圆的而不是方的，比赛确实有偶然性，弱队战胜的例子确实有。巴西队也可能输，中国队也可能赢，是不是中国队与巴西队水平就相等了，没有强弱之分了？巴西队可能输给阿根廷、法国、西班牙、意大利、荷兰，但不会输给中国。中国虽然可能赢某些弱国，但不可能赢巴西。这是没有偶然性的，这时候足球不是圆的而是方的。

韩国队比巴西弱，但还是比中国队强。也许中国队可以胜韩国队，让足球圆一回。但这样的概率很小。大部分情况下中国还是输给韩国队，足球还是方的。即使中国队胜韩国队的概率达到10%，韩国队胜中国队的概率只有90%，两方都不能保证必然取胜，还是不能说两个队水平相同，而应当说韩国队比中国队强。

南非世界杯上，朝鲜在与巴西比赛中进了一个球，中国的解说员高喊“这就是足球。”但当葡萄牙胜了朝鲜7∶0的时候，他就不喊“这就是足球”了，大概认为这不是足球而是乒乓球了。弱队战胜强队的情况虽然可能发生，但毕竟是少数，绝大多数情况是强队战胜弱队，这更是足球。如果当弱队战胜强队时说“足球是圆的”，强队战胜弱队就应当说足球是方的，按这样的说法，足球只有少数情况下是圆的，多数情况下是方的。朝鲜输给葡萄牙0∶7并不奇怪，这说明朝鲜比葡萄牙弱，而且悬殊很大。还说明足球是方的，强队战胜弱队是正常的事情。有些中国人在一旁幸灾乐祸：“韩日世界杯中国队输给巴西是0∶4，南非世界杯朝鲜输葡萄牙0∶7。”言下之意就是“朝鲜不如中国”。只要一句话就可以反驳他们：“朝鲜在世界杯出了线，中国队没有出线”，就足够证明中国队不如朝鲜。至于输0∶7还是0∶4，与朝鲜队或中国队的水平谁高谁低没有关系，而是由巴西队和葡萄牙队的心情决定的。中国队在米卢带领下与巴西比赛，头脑比较正常，知道足球是方的，没有奢望赢巴西队，只想碰运气进一个球就行了，巴西队心情愉快，只进了 4 个球就适可而止了。朝鲜队真相信足球是圆的，以为自己真能赢葡萄牙，惹脑了葡萄牙队，挨了 0∶7，这并不说明他们水平下降或者发挥不好，更不说明他们水平比中国队低，也并不是他们的奇耻大辱。

我不懂足球却来谈足球，并不是想趁火打劫谩骂中国男子足球队，也不是自不量力为振兴中国足球出谋划策，而只是将足球的故事作为教学案例帮助学生理解关于偶然性和必然性的数学知识。足球是圆的，考试也是圆的。哪个考生以为自己一定能考上名牌大学，0∶7 失败的概率就增加了。高铁也是圆的：当高铁宣布 100%安全的时候，就已经为后来发生的事故埋下了祸根。中国的嫦娥号飞船登月的时候，每一阶段都宣布有出现事故的概率，最后却没有出现任何事故，实现了 100%安全。其实，正是他们认识到有可能出现事故，才努力采取措施，有效地防止了事故的发生。人不能够超越客观规律将偶然性变成必然性，但可以顺应客观规律在偶然性中争取到尽量好的结果。

我在编写中学教材时为《概率》一章写了一首诗来说明事物的偶然性及其中的必然规律：

沙场百胜古来稀，九密一疏已足奇。祸福偶然存概率，风云多变泄天机。

诗的第一句是说战争的胜负有偶然性，不能保证百战百胜。赵括虽然将孙子兵法背得烂熟，比他老爸赵奢熟得多。但是，赵奢懂得一个简单的真理："胜负有偶然性"，因此指挥打仗小心谨慎，根据实际情况随机应变。赵括以为打仗就像 3+2=5 那样必然，将孙子兵法的条文生搬硬套，毁掉了自己和国家。诗的第二句也是说偶然性，出主意不可能不犯错误，九次考虑得周密，一次有疏漏，就已经很了不起了。

诗的后两句是说偶然性中存在必然规律。天有不测之风云，人有旦夕之祸福，这是偶然性的最经典的两个例子，但其中都有规律。概率、天机都是规律。概率不只是算百分比，而是偶然性中的规律。"天机"中有物理、化学等多方面的科学规律，还有大量难以控制的偶然因素。掌握了这些规律，可以进行天气预报。但是，天气预报难以避免错误，只能努力提高正确预报的概率，而不可能达到 100%正确。

“智能控制基础”教学中的兴趣激发和思维启迪

郑州大学 师 黎

师黎，1964年生，河南许昌人。上海大学和加拿大曼尼托巴大学博士、教授、博士生导师，现任郑州大学电气工程学院副院长，河南省自动化学会理事。主要承担本科生和研究生的智能控制基础、计算机控制技术、过程控制和智能控制与容错控制等课程的讲授。荣获第五届高等学校教学名师，先后获得全国模范教师、河南省优秀青年科技专家、省优秀留学归国人员和省教育厅学术技术带头人等多项荣誉称号。主持“以国家精品课程‘智能控制基础’双语教学为平台，培养工科学生创新实践能力”获国家教学成果二等奖；主编的《智能控制理论及应用》一书获得国家“十二五”规划教材；主讲的智能控制基础课程获得国家精品课程和国家首批百门双语教学示范课程；作为负责人的“自动控制教学团队”获国家级教学团队；主持了国家级和省级、校级教学教研改项目7项，河南省教学成果一等奖1项，省教育厅鉴定2项，发表高水平教改论文6篇，出版教材论著5部。主持承担国家自然科学基金2项、国家“863”高技术项目8项、教育部博士学科点基金1项。通过国家及省、部级以上鉴定或验收16项，获河南省科技进步奖二等奖1项、三等奖1项，发表学术论文60余篇，被SCI、EI等收录10次。

摘要：

智能控制创新性人才培养要遵循教育教学规律和学生身心发展的特点，在智能控制基础课程中实施“激发兴趣为先，启迪思维为主”的教学思想，旨在解决工科学生普遍存在的“理论知识理解不透彻，学习兴趣不高，实践动手能力不强，创新思维和意识薄弱”的现象，实现培养高素质创新性人才的培养目标。可主要从优化精化课堂教学、强化实践训练体系和建立丰富优质网络教学资源三个方面来落实激发兴趣启迪思维的教学思想。

20世纪80年代以来高等教育出现许多新情况、新变化，尤其建设“具有中国特色的新型工业化道路、建设创新型国家、建设人才强国”等一系列国家发展战略，对我国工科高等教育提出了新的更高要求，同时也带来了许多前所未有的问题和挑战。目前我国人才培养方面存在的突出问题有以下几个方面：

1.学生缺乏学习的热情和激情

许多学生延续了高中时的学习方法和习惯，缺乏科学探索的热情和激情，积极主动学习的劲头不高，被动式学习、盲目式学习成为高等学校学生学习中的突出问题。

2.学生缺少创新性思维

填鸭式的教学使得学生视野不够开阔，思维不够活跃，还没有形成从事科学研究和生产实际的思维方式和方法论，所培养的学生还无法很好满足社会和经济快速发展的需求。

3.学生实践动手能力差

我国的工科教育由于受传统教育观念、经费投入等诸多因素制约，高校工科专业结构设置不尽合理、教师队伍建设薄弱，从而导致培养的工程技术人员动手能力差、实践能力薄弱，不能很好地适应企业向高效化、产业化、国际化方向发展的要求。

高等学校学生学习中存在的这些突出问题严重影响了高素质创新型人才的培养，也是高等教育工作者面临的严峻挑战。作为肩负人才培养中的一名高校教师,责任重大,为此我们在国家精品课程《智能控制基础》的教学中,在激发学生学习的积极性和启迪创新性思维方面进行了实践,做了一些探索。在此,我们抛砖引玉,希望通过各位同仁的共同努力,为中华民族复兴培养出一批又一批充满探索激情的创新性人才。

一、兴趣激发和思维启迪的作用和意义

兴趣在人类的认识活动中有重要作用。一个人对感兴趣的事物可以持久而集中注意,保持清晰感知,引起丰富想象和积极思维,产生愉快情绪体验,并能够在从事与它有关的活动中用意志去克服困难而不感到疲劳。

孔子曰:"知之者不如好之者,好之者不如乐之者"。学习兴趣能有效地诱发学习动机,强化学习动力。学生的学习兴趣直接影响到学习质量和智力发展,是学生学习活动获得成功的先导和曙光。因此,兴趣激发是调动学生学习积极性的最有效方法,是提高教学效果和质量的重要途径。

现代科技迅猛发展,尤其是电气信息类专业更是一日千里。保守地说,现在学生所学知识五年后就有近30%被淘汰,十年后就有50%以上的内容被更新。因此,教师在教学过程中的作用不仅是授业解惑,更重要的作用是激发兴趣,启迪思维,传授和培养创新性的思维方式,培养学生获取新知识、创造新知识的能力,这是"授之于渔"的长远之计。

郎加明在《创新的奥秘》中指出:创新首先是一种由创新者的素质和创新者的思路组成的运行机制,它是一个由创新者的素质转化为创新者的思路、再由创新者的思路转化为创新者的行为的复杂过程。对于创新来说,方法就是新的世界,最重要的不是知识,而是思路。

启迪思维的作用就是在教授知识基础上总结、提炼方法,开阔、升华思路。因此,启迪思维不仅直接关乎受教育者高素质培养和个人发展潜力及前途,而且启迪思维在创新性思维、创新型人才培养方面的作用更是无法取代的,是新时代赋予高等教育不可推卸的责任,是事关中华民族复兴的大事。

二、探索与实践

——课程内容改革

在这里与各位同仁交流一下我们在《智能控制基础课程》教学中，在激发兴趣和启迪思维方面所做的一些探索和实践。

智能控制是自动控制发展的高级阶段，是人工智能、控制论、系统论、信息论、仿生学、神经生理学、进化计算和计算机等多种学科的交叉综合，是当今国内外自动化学科中一个十分活跃和具有挑战性的领域，代表着当今世界控制理论和技术的前沿和发展方向。《智能控制基础》课程是我校面向自动化专业的本科生开设的一门专业基础课，已开设近20年，对培养学生创新意识、工程实践能力发挥了重要作用，被评为国家精品课、国家双语教学示范课程、国家优秀教学团队、国家"十二五"规划教材，获得国家教学成果二等奖，获得国家教学名师。

《智能控制》课程属于交叉前沿学科，具有以下特点：

（1）涵盖知识面广泛。课程主要包括模糊控制、人工神经网络、专家控制系统和智能计算。模糊控制涉及模糊逻辑、模糊控制系统设计、函数模糊系统、模糊辨识与估计、模糊自适应控制、模糊非线性分析。人工神经网络包括神经元、前馈神经网络（感知器、BP 神经网络、RBF 神经网络）、反馈神经网络和神经网络控制等专家系统涉及专家系统、专家控制系统和专家控制器等。智能计算包括遗传算法、DNA 计算、蚁群算法、粒子群算法和免疫算法等。

（2）新理论和技术发展迅速，内容更新快。智能控制学科正式成立是1985年，至今也仅有20多年的历史。目前对这一学科还没有一个非常严格权威的定义，原因很多也很复杂。例如，学科发展很快，定义被不断否定更新，多学科交叉也使得对这一学科的理解仁者见仁智者见智，很难有统一的定义。智能控制的很多内容也只有十几年的发展历史。

（3）理论知识抽象、难懂、难学。例如，智能控制对象具有以知识表示的非数学广义模型和以数学模型表示的混合过程，也往往是那些含有复杂性、不完全性、模糊性或不确定性以及不存在已知算法的非数学过程，并以知识进行推理，以启发引导求解过程。

(4)实际应用多、综合实践性强。智能控制的很多算法都是为解决工程实际问题而提出的,直接面向工程实践,要综合应用多种方法和技术才能解决问题。

智能控制的特点和学生学习过程中存在的困难,对我们来说既是教学的挑战又是实施教学研究和改革的难得财富。智能控制是学科发展的前沿领域,工程实际应用广泛,实践性很强。我们能够收集获得许多智能控制理论及技术在科学前沿具有轰动效应的事件和在高新产业成功应用的实例,这正是我们能够激发和调动学生学习兴趣的重要途径。

由于智能控制理论和技术还远未成熟,是在不断发展和完善中的崭新学科,还有许多课题处于探索中。因此,我们在讲课中不可能穷尽智能控制的所有内容,要求我们必须面对问题和困难激发学生主动探索的兴趣,使得学生能够自主获取新知识。为了使学生具有自主获得知识的能力,我们就必须强调思维的启迪。也就是在实施教学的过程中,在教授知识的同时我们要讲授科学研究的思路和方法,使得学生在获取知识的同时了解掌握一定的科学研究的思路和方法,让学生不仅知其然而且要知其所以然。

因此,我们遵循教育教学规律和学生身心发展的特点,提出了在智能控制基础课程中实施“激发兴趣为先,启迪思维为主”的教学思想,意在解决工科学生普遍存在的“理论知识理解不透彻,学习兴趣不高,实践动手能力不强,创新思维和意识薄弱”的现象,实现培养高素质创新型人才的培养目标。我们主要是从优化精化课堂教学、强化实践训练体系和建立丰富优质网络教学资源三个方面来落实激发兴趣,启迪思维的教学思想。

1.优化精化课堂教学

围绕“兴趣激发为先,思维启迪为主”的教学理念,我们在课堂教学中主要是采用两大类方式:

方式一:首先通过实际应用实例引起学生的关注,激发探究和学习的兴趣;然后,引导学生分析实例中隐含的新知识和新方法,因势利导讲授新知识和新方法;最后,分析总结该方法的适用范围和适用对象,指出该方法的优点和需要改进的方面。在思维启迪方面,阐明新知识产生和发展的规律,使学生明白新知识不是空中楼阁,都是在继承前人成果的基础上,为满足解决特定的实际需求而向前发展的,学会继承基础上的创新和再创新。

方式二:我们首先抛出一个实际问题,让学生畅所欲言,讨论各种解决问题的方法和途径;然后和学生一起逐一讨论分析这些方法和途径的科学性和可实现性,确定解决该问题所要解决的核心和难点问题;最后,梳理整理出解决这些问题的思路和步骤,给出如何按照这些步骤,应用知识逐一解决这些问题的具体实现途径和工具。在思维启迪方面,阐明科学研究的一般规律和方法步骤,传授学生学会如何将复杂问题化解为简单问题,如何从特殊情况扩展到一般情况,如何综合应用知识解决多目标的复杂问题,重点培养学生的创新性思维。

案例1　美国四足机器人 BIG DOG 的视频

我们在讲授智能控制概述一章中,引用了美国的一个机器人 Big dog 视频。视频一播放,学生立刻被吸引住了,Big dog 优越的性能让学生们震惊。接下来,首先我们和学生一起把它与过去的机器人做了一个对比,列出了它的主要优点。然后,我提出了一个问题:过去你们所学过的控制理论和技术能解决 Big dog 的稳定控制问题吗?为什么?让学生们先思考、相互讨论,找一两个学生来回答这个问题,然后再与他们一起梳理出传统控制的缺陷及局限性。最后,我引出了智能控制。这样,学生立刻对智能控制产生了强烈兴趣,同时也确定了智能控制与传统控制的关系。

案例2　人机博弈的图片

在讲授智能控制概述一章中,我引用了一张人机博弈的照片。我首先问学生谁与机器人博弈过?还有谁与计算机下过棋或打过牌?结果怎样?学生立刻议论纷纷,各种意见和结果都有。然后,我提出了下列问题:①机器人和人的智能谁更高?②智能控制与传统控制的主要区别是什么?③人工智能与智能控制的关系是什么?让学生们先思考、相互讨论,找学生逐一来回答这些问题。最后,我明确了机器人的智能是人类智能一定程度的集中和机器实现,因此,机器人可以在一定场合和一定情况下高于某一或某些个体人的智能,但是人类总的智能一定永远高于机器智能。人类是机器智能的创造者。智能控制与传统控制的主要区别是具有了更高的智能,因而具有了许多传统控制所不具备的优越性能。人工智能是智能控制发展的源泉。这样我们就把智能控制中的几个基本概念明确了。

案例3　航空、深海和微型机器人等最新成果

我们首先用航空航天、深海探测、微型机器人等一系列国际最新科技研究

成果来展示科学研究的独特魅力,说明这些研究成果在国民经济、国防安全、医疗健康等方面的巨大作用;然后,逐一讲解智能控制在这些装置设备所完成的功能以及所起的重要作用;最后,强调智能控制是与科学研究、工程实践密切相连的,告诉同学们学习智能控制一定要理论联系实际,实践动手能力的培养是智能控制教学目标的重要内容。在思维启迪方面,我们要引导学生通过现象看本质,要学生学会从各种各样不同的应用场合中,分析归纳出控制的本质和核心问题。

案例4　模糊控制的教学设计

模糊控制是《智能控制基础》课程的教学重点。我们的教学由浅入深,由点及面,循序渐进,按照如下三步进行:

第一步:假设我们现在是一个经验丰富的锅炉工,要完成的任务是完成一个锅炉汽包水位的控制。首先,我们要建立一种简单实用的工具来描述专家知识和经验,这就是语言变量和语言值构成语言描述。应用语言描述就可以构成语言规则和规则库。然后,为了量化描述性的语言规则量化,我们引入了模糊集合和隶属函数;为了消除精确测量值和语言描述之间的语言障碍,我们介绍了模糊化过程。接着,我们应用这些进行模糊推理和解模糊。最后,我们把这些进行归纳总结,给出了模糊控制器设计的一般步骤。

第二步:我们首先提出如何将前面的成功经验推广应用。然后,将前面的知识进行逐一拓展:①多输入多输出系统,规则的一般形式(MISO 规则和 MIMO 规则);②模糊集合和隶属函数的一般定义;③模糊集合的逻辑运算;④模糊化过程;⑤模糊推理的两种形式;⑥解模糊。

第三步:在此基础上,我们又提出把规则的结论部分变为函数,采用中心平均解模糊方法,用一个模糊系统实现 N 维空间到 M 维空间的映射——这就是函数模糊系统。然后,重点讨论 T-S 模糊系统及其通用近似特性,指出 T-S 模糊系统具有为非线性系统建模提供新途径的理论研究价值。

在思维启迪方面,我们主要做了下述引导:

(1)做科学研究要由浅入深。由一个特定的简单典型例子把相关理论建立起来,然后推广到一般情况通用对象;

(2)在模糊逻辑中隶属函数把不精确的模糊描述进行了合理量化,使得整个模糊逻辑建立在精确计算和推理之上,在模糊理论中起到了奠基石的

作用。由此可见,恰当构造一个理论体系和数学基础是一个理论成功的关键;

(3)归纳总结了常用表达方式的用途:公式是思想最严格准确的表达,框图是系统结构、程序流程最有效的表示,图表是实验结果最真实直观的展现,语言是构成这些表达的基本元素和灵魂;

(4)和同学们一起首先分析解模糊的作用:解模糊的作用就是要在已激活的相关推理结论中,确定一个最合理最确定的精确输出量。然后,请同学们畅所欲言讨论解模糊的基本原则:①所有激活的规则建议的输出量都要考虑到;②隶属值大的规则的推荐量应该重点考虑。最后,总结如何分析处理此类问题的方式方法。

案例 5:生物神经元与人工神经元 MP 模型

当代科学技术发展日新月异,表现出既高度分化又高度融合的趋势。智能控制作为一门交叉学科,多学科的理论、观念、技术和方法杂交、吸收、融合、互补和共振是其发展和创新的源动力之一。这是我们教学中要特别强调的。为此我们在教学过程中,通过生物学家 McCulloch 和数学家 Pitts 提出了 MP 神经元模型来说明学科交叉的重要作用和意义。

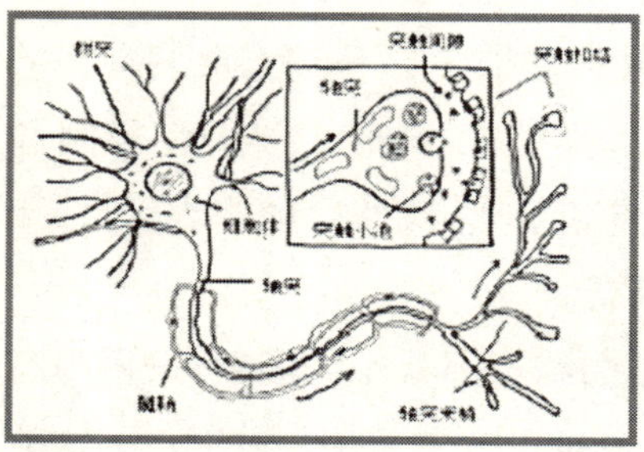

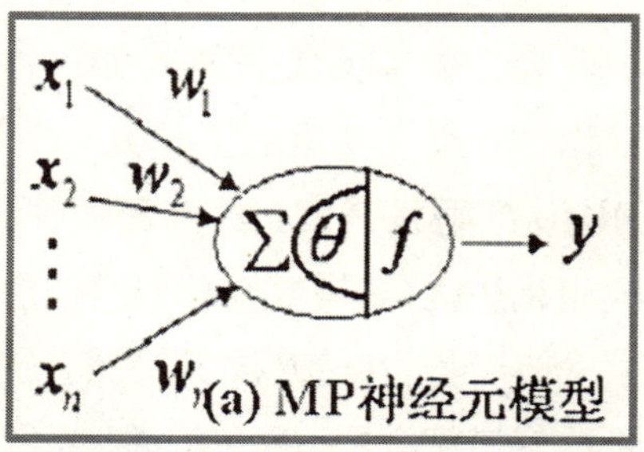

(a) MP神经元模型

1943 年心理学家 McCulloch 和数学家 Pitts 偶然相遇。心理学家 McCulloch 说他在生理实验中发现了一些有趣的现象:生物的基本单元——神经元的活动有一定的规律性。他请数学家 Pitts 帮他分析这些实验数据。数学家 Pitts 很快就把规律总结出来了,这就是非常著名的 MP 神经元模型。这个模型后来成为了人工神经网络的基本构成单元。

神经网络发展经历了兴起、发展、低潮、新的高潮的曲折发展道路。

(1)20 世纪 40 年代(开创阶段)。

1943 年,美国心理学 McCulloch 与数学家 Pitts 合作提出形式神经元的 MP 模型;

1948 年,维纳(Wiener)出版了著名专著控制论(Cybernetics);

1949 年,D.O.Hebb 出版了《行为组织》,提出神经元权值的修改方案的 Hebb 学习准则。

(2)20 世纪 50~60 年代(研究的高潮阶段)。

1957 年美国计算机学家罗森布拉特(F.Rosenblatt)提出了著名的感知器模型,它是一个具有三层网络的结构,连续可调权值矢量的 MP 神经网络模型,经过训练可达到对一定输入矢量模式进行识别的目的。1962 年,美国工程师威德罗(B.Widrow)和霍夫(M.Hoff)提出了自适应线性元件(Adaline)神经网络模型,成功地应用于自适应信号处理和雷达天线控制等连续可调过程,成为第一个解决实际问题的人工神经网络。创造了 Widrow-Hoff 学习训练算法(LMS 算法),并首次用硬件电路实现。

(3)20 世纪 70 年代(研究的停滞阶段)。

1969 年,人工智能专家 M.Minsky 和 S.Papert 在《感知机》中指出感知机的缺陷,不能实现 XOR 逻辑函数问题和进行非线性分类等比较复杂的问题;并表示出对这方面研究的悲观态度,使得神经网络的研究从兴起期进入了黑暗的停滞期。许多专家们不得不放弃神经网络领域的课题,使研究工作的发展进入了低潮时期,进展极其缓慢。

但是,仍有不少研究者坚持这一领域研究。美国波士顿大学自适应中心的 Grossberg 和 Carpenter 提出了著名的自适应共振理论模型 ART 模型;1972 年,芬兰的 Kohonen 和美国的 Anderson 分别独立提出了 Kohonen 自组织映射模型。

(4)20 世纪 80 年代以后(新的研究高潮阶段)。

1987 年在美国圣地亚哥举行了第一届神经网络国际会议,并成立了国际神经网络联合会(INNS),正式宣布了神经网络计算机科学的诞生,从此揭开了神经网络的研究与开发又一新热潮的序幕。

神经网络的研究从纯粹心理和生理角度扩展到工程和实际技术领域,其应用已渗透到智能控制、模式识别、信号处理、计算机视觉、图像处理、机器人、优化计算、知识处理、通信、生物医学工程等各个领域，并取得了令人瞩目的研究成果。

在思维启迪方面：①首先神经网络发展史验证了马克思自然辩证法中事物都是迂回式发展，螺旋式先进这一真理。我们要引导学生学会正确看待学科发展的高潮和低谷，正确处理热门专业和长线专业的关系。②我们要强调个人品质、修养、胸怀、眼光对事业成功的重要作用，提倡科学奉献精神和持之以恒的工作作风。③"失败是成功之母"。因为失败发现问题，因为不怕失败找到希望，因为心中有希望而找到开启成功的钥匙。这也是我们要倡导的。

案例6　用交叉学科方式培养学生创新思维

交叉学科具有综合性，具有开放性和创造性，具有互补性和互感型。这对于我们培养学生的开放性思维、创造性思维都是非常好的载体。因此，我们在教学中注重各章节知识之间的关联、交叉和融合，引导学生发现、总结科学发展的规律和科学研究的有效方法，学会用发展和联系的观点看待智能控制学科的发展，从而培养学生创新意识和能力，形成正确的工作方法。

2.双语教学

教学团队自2004年开始在《智能控制基础》课程中实施双语教学。在多年的教学实践中不断探索和总结，我们采取了多项措施，既满足英文水平好的学生尽可能多和尽可能快地汲取原汁原味的知识，又保证英文水平欠缺的学生能够理解和掌握所学习的知识。通过多年来深化双语教学实践，探索出一套行之有效的教学方法，取得了良好的教学效果。

（1）实施按小班、分层次授课方式。在双语教学调查中，有部分学生担心自己的英文水平不能适应双语教学的形式，害怕"听不懂、学不会"，浪费学习时间，不能取得良好的学习效果。针对这种情况，我们按照学生的英文程度分小班上课。

（2）实施分阶段双语教学。除了分班授课以外，我们根据学生的英语和专业水平，把整个教学过程分成四个阶段：

适应阶段：2～4学时，教学速度适当放慢，重点让学生熟悉和适应英文原版教材的表述和风格；

阅读阶段：4～8学时，教学重点放在教材阅读和知识理解上，训练学生快速阅读专业文献的能力；

思维过渡阶段:8~20学时,教学重点放在专业知识的讲解和学习上,按照英文思维方式获取知识;

巩固提高阶段:20~40学时,教学重点放在英文思维和表达上,引导学生用英文思考和表述专业问题。

(3)选用英文原版教材和参考书籍。选用了英文教材《Fuzzy Control》的部分章节内容,保障知识的系统性和先进性,并且为学生精选了一些原版的英文教材作为辅助资料,拓宽了学生的视野。

(4)长期深入调研,了解学生学习需求。为了使双语教学质量得到有效保障,我们成立专门小组,针对理工科双语教学特点,合理设计问卷调查内容,涉及学生对双语教学的认知、教学内容的难点、概念和基本知识理解、工程实例领会、实际工程问题设计和教学方式、方法等诸多教学环节,采用统计学方法从多角度寻求各种数据的内在关联和规律,了解学生在专业课程中双语学习的学习需求,不断改进教学方法,重视学生学习的信心与主动探索知识的创新精神。

到目前为止,我们收集整理了自动化专业在校生、毕业生的1000余份调查表。这些调查数据为量化分析双语教学提供了坚实的事实依据。

3.探索与实践——实践教学体系

为了实现工科学生理论学习和工程实际相结合,激发学生在实践学习中检验和灵活运用知识的兴趣,我们构建多层次、全方位的实践教学体系,将实验室实际操作实验、虚拟实验系统仿真模拟实验、工厂实践实习和参与实际的科研活动等不同层次的实践教学有机结合,使每个学生都能够根据自己的特点从实验实践中找到自己感兴趣的实践活动,启迪学生的创新思维,在实践中锻炼独立解决工程实际问题和创新实践能力。

更加注重实验实践教学,通过调整课程的理论知识体系,增加实践教学课时(授课学时由原来的48学时减少到40学时,实验学时则由4学时增加至8学时,增加1周的课程设计和基地实践实习),采取多种形式和方法突出兴趣为激发,实现工科学生创新实践能力的培养。

4.建立丰富有趣的网络资源

独立自主开发了精品课程和网络资源课程的网站、网络虚拟实验室、网络交互学习系统、学习论坛、专家讲坛、经验交流平台等网络资源。

要实现高素质创新型人才的培养目标，激发学生的学习兴趣是有效途径，创新性思维的启迪是关键。为了在教学中实现激发学生学习兴趣和思维的启迪，我们做了以下探索和实践：

(1)教师素质和业务水平的提升。从个人素养、教学水平、科研水平、责任心等方面提升个人和团队的业务水平。

(2)教学方法和手段的提高。采用各种生动有趣的教学手段和方法激发学生的学习兴趣，启发创新性思维。

(3)多层次全方位实践教学体系的完善。将实验室实际操作实验、虚拟实验系统仿真模拟实验、工厂实践实习和参与实际的科研活动等不同层次的实践教学有机结合。

(4)高水平教材的建设。选用了国外知名大学英文原版教材《Fuzzy Control》，保障知识的系统性和先进性，拓宽了学生的视野。结合多年教学经验和科研成果在清华大学出版社出版自主编写的立体化精品课程教材《智能控制理论及应用》和《智能控制实验和综合设计》。《智能控制理论及应用》被选入为“十二五”规划教材。

(5)丰富有趣的网络资源的建立。独立自主开发了精品课程和网络资源课程的网站、网络虚拟实验室、网络交互学习系统、学习论坛、专家讲坛、经验交流平台等网络资源。

(6)构建和谐教学体，以教学研究和教学改革促进课程建设。

授人与鱼不如授人与渔

——以参与式教学方法上好数学建模课

浙江大学　杨启帆

杨启帆，1944年生，浙江杭州人。现任浙江大学理学院数学系教授、博士生导师，主讲微积分、线性代数、实变函数与泛函分析、复变函数论、数值分析、最优化方法、组合最优化、数学建模等十几门本科生、研究生课程。应邀到奥地利格拉兹技术大学数学研究所开展合作研究，美国明尼苏达大学、内布拉斯加—林肯大学访问学者。获浙江大学研究生教学成果二等奖（导师奖），两次获得浙江大学教学成果一等奖，主编的教材获浙江大学教学成果三等奖，获浙江大学王宽诚优秀教师奖，被评为浙江大学竺可桢学院最佳任课教师。获浙江省教学成果奖一等奖，获国家级教学成果奖二等奖，获国务院政府特殊津贴。获浙江省高等学校教学名师奖，被授予浙江省优秀教师，获国家级教学名师奖。两次被评为全国大学生数学建模竞赛优秀指导教师。

作为项目负责人承担教育部国家理科基地创建名牌课程、优秀课程项目各一项，承担浙江省和浙江大学教改项目7项。获浙江省教育厅颁发的特别奖（特等奖）1项（数学建模竞赛组织与指导）。主讲的课程“数学建模”被教育部授予首批国家级精品课程，主持“数学建模方法与实践”教学团队被教育部评为首批国家级教学团队。组织、指导浙江大学学生参加国内外大学生数学建模竞赛，参赛学生成绩突出。浙大学生5次获得美国竞赛特等奖，2次获得提名特等奖，3次获得INFORMS奖（美国运筹与管理学会奖），获得SIAM奖（美国工业与应用数学学会奖），获得了美国大学生数学建模竞赛一等奖62项，二等奖34项。在全国大学生数学建模竞赛中浙大学生共获得一等奖41项，二等奖54项。

摘要：

教师肩负着传授知识和培养学生分析问题解决问题的实际能力两大任务。授人与鱼不如授人与渔，在数学建模课中可采用参与式教学方法，将课堂教学、课外科研和组织学生参加学校数学建模竞赛、培训指导学生参加国内外大学生数学建模竞赛相结合的系列化教学模式；在课堂教学中，可通过介绍应用建模方法开展科学研究的经典范例，介绍建模常用的基本方法和基本技巧，以便抛砖引玉，激发学生的科研兴趣，提高他们的科研能力。

许多学生认为，到学校来读书就是为了学知识，只要书读得好，考试成绩好就是好学生，殊不知这种想法其实是片面的。我国著名科学家、浙江大学老校长竺可桢教授早在20世纪30年代就对学生提出了如下的要求：求是创新。求是，就是要好好读书，像海绵吸水一样地吸取前人留下的知识，养成实事求是的治学态度；创新，则要求学生注重对自己综合素质和实际能力的培养，学会怎样运用书本知识去解决实际问题。因此，作为教师，也肩负着两大任务，即传授知识和培养学生分析问题解决问题的实际能力。授人与鱼不如授人与渔，基于这种想法，我们在浙江大学开设的数学建模课中采用了参与式教学方法，将课堂教学、课外科研和组织学生参加学校数学建模竞赛、培训指导学生参加国内外大学生数学建模竞赛相结合的系列化教学模式，取得较好的教学效果。在课堂教学中，我们介绍应用建模方法开展科学研究的经典范例，介绍建模常用的基本方法和基本技巧，以便抛砖引玉，激发学生的科研兴趣，提高他们的科研能力。在进行了四五周的启蒙教育后，我们鼓励学生对科研、生产和生活中遇到的实际问题用建模方法开展课外科学研究，希望他们在期末提交一篇科研论文或研究报告。每年五月初我们都将举办一届全校性的数学建模竞赛，为学生提供参与科学研究的机会，该赛事已连续举办十几年，每年都有七八百学生参加比赛。在课程教学与学校竞赛的基础上，我们选拔出一些学生参加国内外学科竞赛，让他们在竞赛中进一步经受锻炼。自1999年四校合并成立新浙大以来，我校学生在参加国内外大学生数学建模竞赛中共获得了全国竞赛一等奖41项，二等奖54项；美国竞赛特等奖5项，（含美国运筹与管理学会奖——INFORMS 奖 3 项,美国工业与应用数学学会奖——SIAM 奖 1 项),推荐特等奖 2 项,一等奖 62 项,二等奖 34 项。现在,浙大学生积极选修数学建模课并参与课外科学研究和学科竞赛,这种参与式教学模式大大激发了学生的学习兴趣,激发了学生积极参加课外科研和学科竞赛的热情,学生在科研实践中跌打滚爬经受了锻炼,在国内外竞赛中验证了自己的实力,科研能力有了很大提高,产生了很好的人才培养效益。

一、参与式教学并非放任自流,教师应当有计划地做好引导工作

开课初期,学生对课程并不了解,不知道什么是数学建模,为什么要学数学建模和怎样建模。我们用实际例子让学生看到,要解决好实际问题需要具备多方面的能力,要善于发现问题的关键,要找准研究并解决它的突破口,并善于运用数学知识和专业知识来分析推导等,书读得好未必就能解决好实际问题。例如,怎样根据交通岗黄灯的作用,分析并计算出黄灯究竟应当亮多久。在分析这一问题时,首先应当懂得黄灯亮并非是要所有人都刹车,只有能刹住车的人才应当刹车;接下来的问题是,哪些人是可以刹住车的呢,因此需要计算出停车线的位置;那么,黄灯究竟是为谁亮的呢,当然是为停不住车而要继续过马路的人亮的,由此就不难计算出亮灯应当亮多久了。

在建模中,学生常常过分依赖自己的经验,教师应当让学生明白,经验对解决问题是有益的,但研究者不能单凭经验,否则很容易误入歧途。例如,假如我们将一块块砖往外叠,希望叠得尽可能远,那么,我们最远究竟可以叠多远呢? 学生常常猜不出正确的答案。事实上,利用数学归纳法和调和级数的发散性,可以推出:你想推多远理论上都是可以办到的,这一结论多少有点和我们的经验相悖。经验可以帮助我们得出一些猜测,但猜测未必总是对的,猜测还需要经得起严格的证明。当然,证明在逻辑上也必须是严格的,否则,就会自欺欺人或本末倒置。牛顿为了强调这一点,还特地给出了一个直角和钝角是相等的伪证,我们让学生分析此证明,并找出错在哪里。这些例子既十分有趣又能给学生留下深刻的印象,能无形中纠正他们的一些错误,养成良好的科研习惯。

我们还通过一些简单的实例，让学生明白，真理是相对的，没有绝对真理，随着科学技术的发展，人们对自然界的认识会越来越接近实际。我们在做科学研究时也是这样，学过的知识越多，分析得越透彻，得到的结果也会越好。例如，中学生学过的自由落体运动的公式 $h=\frac{1}{2}gt^2$ 其实是很粗糙的，计算结果和实际高度差距甚远，中学生往往不会注意到这一点，对计算结果深信不疑。为什么中学老师不讲得更深入一些呢？原因很简单，由于空气阻力的原因，下降时的阻力实际上并不是常数，速度越大阻力越大，从而加速度会减小，只用中学数学无法再深入下去。学过微积分和流体力学后，就可以建立起下降物体满足的微分方程 $\frac{dv}{dt}=g-kv$，并求出其满足初始条件的解为 $h=\frac{g}{k}t+\frac{g}{k^2}e^{-kt}-\frac{g}{k^2}$。用泰勒公式可以证明，令 $k\to0^+$，就可得出中学生学过的公式，所以中学公式是这一公式的特殊情况。此外，在计算山崖高度时还应当扣除反应时间的影响和回声时间对结果的影响，否则，计算出来的结果依然和实际结果相差很远。

二、在介绍经典范例的同时，讲解基本技巧与基本技能，提高学生的建模能力

要通过建立数学模型来研究实际问题需要掌握一定的基本方法与基本技巧。在教学中，我们结合经典范例的介绍讲解一些基本方法与基本技巧的使用，边讲范例边总结建模方法与技巧，这样讲生动形象，示范性强，起到了较好的启发引导作用。我们的教材是自己编写的，内容按所用到的数学知识分类，分为初等模型、微分方程模型、线性代数模型、优化模型等，我们将一些基本方法与基本技巧融合在各章里，让学生随着课程的进程逐步掌握这些方法与技巧。例如，在讲解初等模型时，我们介绍了建立经验公式的方法、利用量纲分析、利用比例关系等基本技巧。在讲微分方程模型时，介绍了房室系统法、集中参数与分布参数法、工程师原理和统计筹算率（竞争项乘积原理）等基本技巧。

比如,马尔萨斯在建立人口模型时,采用了仅考察平均状态的集中参数法,他注意到人口出生率与死亡率在较长的一段时间里几乎是不变的,在出生率 b 和死亡率 d 为常数,从而人口净增长率 b-d 为常数的假定下,利用房室系统法即可建立起微分方程模型:$\frac{dx}{dt}=rx$。马尔萨斯模型的短期预报效果很好,但其解预报人口将随时间而趋于无穷却与事实不符。为改进模型,后人根据“只要能解释自然现象模型越简单越好”的工程师原则,将模型改进为:$\frac{dx}{dt}=(r-ax)x=r(1-\frac{x}{K})x=k(K-x)x$,此即罗杰斯蒂克模型,它预测人口数将随时间趋于一个定值 K(环境能供养的最大种群数),该模型预测的结果得到了实验的证实,所以被人们广泛接受,而方程的最后一式又被称为竞争项乘积原理。在讲解这些模型的过程中,学生不仅学到了这些基本模型,也逐步学会了这种思考问题的方法,掌握了这些建模技巧。1999 年美国大学生数学建模竞赛有一个赛题,要求学生研究:假如有一颗直径大约为 1 千米的小行星撞击在南极极心,会造成多大的影响。我校参赛学生查阅了相关资料,发现南极海洋富含某类海藻,此类海藻是磷虾的食物,而磷虾又是海豹、蓝鲸等其他海洋生物的食物。这些学生用 x_1,x_2,x_3 分别表示海藻、磷虾和其他海洋生物的数量,将集中参数法、房室系统方法、工程师原理和竞争项乘积原理等方法运用于研究工作,建立了描述南极生态链的基本微分方程:

$$\begin{cases}\frac{dx_1}{dt}=r_1x_1-\lambda_{12}x_1x_2\\ \frac{dx_2}{dt}=-r_2x_2+\lambda_{21}x_1x_2-\lambda_{23}x_2x_3\\ \frac{dx_3}{dt}=-r_3+\lambda_{32}x_2x_3\end{cases}$$

在分析海洋生物链变化的同时,他们还根据参数的不同情况研究了模型解的稳定性并对参数作了灵敏度分析,写出了漂亮的研究论文,获得了当年美赛的一等奖。

三、启发式教学，培养学生的观察分析能力

在建模过程中需要学生具备一定的观察分析能力，为了培养学生的观察分析能力，我们在讲课中尽可能不马上指出解决办法和答案，为学生留下一定的思考时间并将一些课题布置为课后思考题，留待下一节课讨论。例如，我们在前一节课留下一个思考题：可以用什么办法去调查一个敏感问题，如你想调查我市大约有多大比例的人是艾滋病感染者，你将如何开展调查？如果学生想不出办法，在下一节课中我们会用一些问题来提示他们：①你直接问“你是艾滋病感染者吗？”当然是不行的，可你问另一个问题：“昨天晚上你睡得好吗？”也是不行的，因为你不可能由此得到你要问的问题的答案。这说明了什么？说明你不能只提一个问题。②假定你提出两个问题，其中一个当然必须和你要调查的事有关，例如“你是艾滋病感染者吗？”，第二个问题可以是“你不是艾滋病感染者吗？”或者“你是第一季度出生的吗？”等，你可以设计出一种方法（比如抽签）来控制回答这两个问题的人数的比例，由此即可求出你想知道的结果。③第二个问题的上诉两种问法效果不完全相同，后者优于前者，它能最大程度地获得被调查者的配合，（如果提出前一问题，在回答两问题的比例为 1∶1 时，计算公式将会失效，而你能获得被调查者配合的前提是应当尽量使比例为 1∶1。但后一问题不能涉及被调查者的隐私，例如你不能问“你是女性吗？”，虽然男女比例几乎是 1∶1，但男性艾滋病感染者将不会告诉你真情，因为如果他如实地回答你“是”，由于他是男的，他回答的一定是问题1，故他必定是艾滋病携带者。这样的思考和提问有助于学生分析问题，养成通过一系列提问找出解决实际问题的突破口。再举一例，假定我方巡逻艇发现了敌方的潜水艇。与此同时，敌方潜水艇也发现了我方的巡逻艇，并迅速下潜逃逸。设两艇间距离为 60 千米，潜水艇最大航速为 30 千米/小时而巡逻艇最大航速为 60 千米/小时，问巡逻艇应如何追赶潜水艇（注：给出具体数据是为了计算和讲解方便，这些数据是非本质的）。不少学生不知道该如何入手来解决这一问题，苦思冥想地想直接给出一个追赶方法来。其实，要知道应当如何追赶敌舰，首先应当猜测出敌舰会怎样逃逸，要知道只有知己知彼才能百战不殆。这么看来，此问题应当是一个对策问题。那么应当怎样考虑呢？例

如,我们可以这样想一下,既然潜水艇潜下去了,它就没必要东躲西藏了,它很可能会沿着某一方向拼命逃跑,即可能会沿某一方向以最大速度逃逸。为了追上潜水艇,也许人们可以想出多种办法,下面的想法就是其中之一:设开始时巡逻艇在 A 处发现了位于 B 处的潜水艇,取极坐标,以 B 为极点,BA 为极轴。追赶过程分两步实现,第一步,巡逻艇以 60 千米/小时的速度先开到某一位置 c,当巡逻艇到达 c 时,潜水艇到达 d,使得 c,d 两点到 B 的距离相等,第二步,从点 c 开始,巡逻艇将沿着一条曲线 Γ 追赶,始终保持与潜水艇到 B 的距离相等。只要曲线 Γ 绕 B 一圈,则不论潜水艇是往哪个方向逃逸的,巡逻艇总能追上它。第一步很容易办到,巡逻艇只要朝着 B 点开 40 分钟即可,40 分钟后,它离 B 点还有 20 千米,而潜水艇离 B 点也恰为 20 千米。那么,Γ 又是什么曲线呢?怎样才能沿着 Γ 开呢?设巡逻艇追赶路径在此极坐标下的方程为 $r=r(\theta)$,现在我们用微元法来求出曲线 Γ 的方程。假定 t 时刻巡逻艇到了某处,过了 Δt 时间后它到达 A_1 点,转过了 $\Delta\theta$ 角度。由题意,巡逻艇的速度是潜水艇的两倍,

即 $ds=2dr$,又 $(ds)^2=(dr)^2+(rd\theta)^2$,故 $3(dr)^2=r^2(d\theta)^2$,即 $dr=\frac{r}{\sqrt{3}}d\theta$,由此即可解得 $r=Ae^{\frac{\theta}{\sqrt{3}}}$。此为阿基米德螺线。那么,怎样才能沿着 Γ 曲线走呢?查一下阿基米德螺线的性质就不难发现,只要始终保持行驶的切线方向与 B 点出发的矢径保持 30 度($\pi/6$ 弧度)即可。当然,如果潜水艇不是这样逃逸的,这样追就追不上了。

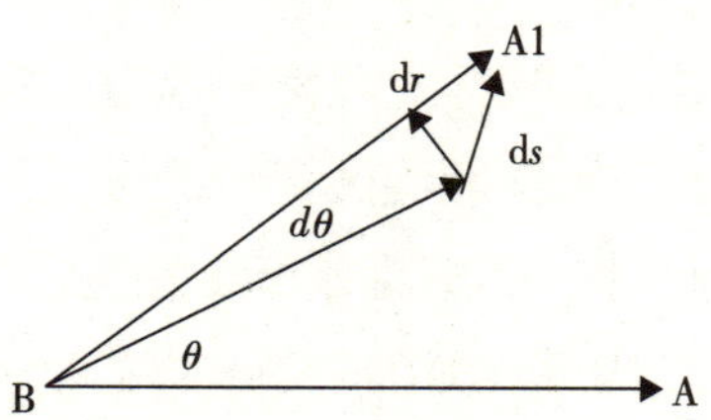

这些案例给了学生很大的启示,使他们认识到:要解决实际问题必须有解决问题的正确想法,即要找准突破口,而数学建模的目的则是运用数学知识和专业知识来实现这些想法。2006 届学生杨靓媛对知了共鸣现象产生兴趣,她想知了不可能商量好一起叫,其中必有奥妙。她想,如果知了的鸣叫不会相互

影响，共鸣现象也就一定不会出现了，于是她提出了一条假设："每一只知了的鸣叫都会刺激其他知了，使其他知了提前一个 Δt 时间鸣叫"，在此基础上，她建立了一个差分方程模型，求得此差分方程有一个稳定的平衡点，从而解释了知了为什么会一起叫，并写出了论文"蝉的共鸣"。蝉鸣的研究激发了杨靓媛同学对研究统计生物学的兴趣，本科毕业后，她去美国俄亥俄州立大学深造，2010 年，我们收到该校研究生院的来信，告诉我们杨靓媛同学已获得统计生物学博士学位，由于研究工作出色，其博士学位论文获得了颁发给优秀博士论文作者的最高奖——Whitney 奖，并被美国顶级科研团队吸收为团队成员。

四、在课外实践中改变教师主导的做法，扩大学生在科研中的自主权

在学生课外建模中，我们鼓励学生自行选择自己感兴趣的课题，鼓励他们培养兴趣，挑选自己热爱的专业方向。指导教师有自己的专业方向，如果让指导教师来确定课外研究课题，往往局限性很大。让学生自己选课题不仅有利于激发学生的科研兴趣，也有利于多方面人才的培养。我校机械工程系学生周恩露对运筹学感兴趣，她利用课外时间研究了一些优化问题。后来，她和另外两位同学一起，参加了 2003 年的美国竞赛，研究了在电影拍摄过程中如何最佳保护特技演员的问题，获得了该年度美国竞赛的特等奖兼最高奖——美国运筹与管理学会奖（INFORMS 奖）。毕业后她到美国马里兰大学攻读运筹学博士学位，毕业后到美国伊利诺伊大学任教，2011 年获得了美国杰出青年基金。计算机学院的吴嘉之同学对算法设计与编程特别有兴趣，虽然他在 2002 年数学建模全国竞赛和美国竞赛中都只获了二等奖，但此后他一直坚持利用课余时间研究实际课题的算法设计与编程，参加 Top Coder 网站的有奖征解活动，解答了 39 个课题，毕业后被该网站录用。几年后，他被公司评为该网站自从成立以来最有创意的职工，2009 年在应我校学生会邀请来给师弟师妹做讲座时，他已升任 Top Coder 网站的中国部技术副总裁。混合班学生刘若鹏（2005 年获美国竞赛二等奖），组织能力特别强，他带领同学开展了若干个工程问题的研究。毕业后他到美国杜克大学深造，在取得博士学位后回深圳创业，不满 30 岁就担任了深圳光启高等理工研究院院长，并带领科研团队

研制成功了隐身衣，此事被科学（Science）杂志报道。

五、容许学生出错，让他们在科研实践中跌打滚爬，在实践中增长才干

老师可以通过课堂教育来传授知识，但经验和才干却无法传授给他们，只能让学生在科研实践中去体会并逐步积累。例如，要告诉学生梨子的滋味，教师能说的恐怕也只能是："梨子水分很多，吃起来是酸酸甜甜的"。可学生听了以后并没有真正知道梨子的滋味，他吃苹果也觉得可能是梨，吃橘子也觉得可能是梨。其实，只要他们真的吃一个梨，他们就再也不会将其他水果当成是梨了。由此看来，要帮助学生、教育学生，并不是只有苦口婆心、手把手地教才能取得好的效果，有时候让学生自己去闯，效果会更好。大多数本科生从未做过科研工作，在课外科研中犯些错误、走些弯路是难免的，教师非但不应当去指责他们，反而应当鼓励他们去找出错误，接受教训并提升自己的科研能力。由于专业上的原因，教师不一定能帮助他分析出错在哪里，但教师也不一定要代替他们做，可以鼓励他们自己去做。例如，地图染色的四色问题曾经是一个世界性的难题，我们在上课时简单介绍了一下人们是怎样将此问题转化为图的顶点的染色问题的。讲课内容激起了一位名叫沈华品的计算机学院学生的兴趣，他花了一两周的课余时间试图给出一个理论证明。在一次课后，该同学拿来了一个几页纸的证明，他知道证明中一定有错误，希望我们帮他找出错误。我们告诉他，一方面，我们不是研究这个问题的专家，不一定能帮上忙；另一方面，你们还是学生，可能还不是去做这些世界性难题的时候。假如你是想通过差错来提高自己的证明能力，那就应当自己去查，别人查对你的帮助是不大的，否则就不要在这个问题上花费过多的精力，以免影响自己的学业。期末考试前不久，该同学又来找我们了，这次，他是来告诉我们他知道错在哪里了，我们相信，这位同学通过查错一定收获不少。

2010年，有三位学生提交了一篇题为"滥用抗生素的危害研究"的期末研究论文，该论文引起了我们的兴趣。我们觉得，国内应用抗生素太多，负面影响较大，研究这一问题很有意义，可惜他们的数据量不够，说服力还不够强。于是，我们找来这几位同学，指出了上述问题，建议他们利用寒假收集一些资

料开展进一步研究,并将其加工成2011的学校数学建模竞赛赛题。这几位同学兴趣很大,利用寒假时间走访了省内多所较大的医院,取得了较为丰富的实际数据,经和我们多次商量修改,不仅编写出了2011年浙大校赛题(2011年A题:抗生素的合理使用和超级细菌的预防),还写出了修改后的论文和校赛论文评阅要点,并和我们一起参加了校赛阅卷,这是我们首次让学生自己出校赛题,效果很好,这几位学生都在此后的全国赛和美国赛中取得了优异的成绩。2012年,我们再次让学生自己出校赛题,又有三位学生在研究某矿区四个矿点的实际生产情况后,利用真实数据编写出了一个多发点多收点的网络流优化问题的校赛题:露天矿开采点到加工地间运输车辆的安排问题,也同样提交了自己的研究论文和校赛论文评阅要点,同样取得了成功。

我们在浙江大学数学建模课中采取了以课堂教学引路,课外实践锻炼和参加建模竞赛进一步深化并检验教学成果的系列化教学模式,以此来激发学生的学习兴趣,加强学生的参与度,尝到了一些甜头,也取得了一些成绩。数学建模和其他课程有很多不同之处,例如,其他课程就没有那么多的竞赛,也不可能让学生来做那么多的课外实践或提交研究论文。但是我们认为,注重对学生的素质教育,适当改变灌输式教学模式,给学生预留一些发挥空间是教师应当共同探讨的问题。在这方面我们做得还很不够,还有待进一步改进和探讨,欢迎各位老师多提宝贵意见,以便今后更好地做好这项工作!

从教三十年的感悟

——兼谈授课的艺术与技巧

首都经济贸易大学　杨河清

杨河清，留日经济学博士。首都经济贸易大学学术委员会副主任、二级教授、博士生导师、博士后合作导师；国家重点学科——劳动经济学负责人、国家教学名师、北京市教学名师、北京市优秀教师，国务院特殊津贴专家。兼任中国劳动学会副会长、学术委员会副主任、劳动科学教育分会副会长等。主持重要政府研究课题有非公经济高层人才综合评价研究（教育部人文社会科学研究项目）、国际金融危机对我国不同群体就业及劳动关系影响与对策研究（教育部应急项目）等7项。主持政府项目和国际合作项目有高校毕业生的失业风险分析与应对措施（国家社科基金项目）、社会企业研究（英国首相基金项目、英国北安浦敦大学合作项目）等4项。《首都区域人才竞争力评价影响因素及计量评价研究》获得“首届中国人才发展论坛”论文一等奖（省部级）。专著《企业经营者薪酬激励机制研究》获北京市第九届哲学社会科学优秀成果二等奖（省部级）。获国家教学名师奖、北京市教学名师奖；主持的劳动与社会保障专业获批成为国家级特色专业、人力资源管理课程教学团队被评为国家级优秀教学团队、主讲的《劳动经济学》课程被评为国家级精品课程;主持的人力资源管理专业被评为国家级特色专业。第一负责人获得北京市优秀教学成果一等奖;主编的《劳动经济学》入选教育部“十一五”国家级规划教材。主编的《回顾与展望:中国劳动人事社会保障30年》入选原新闻出版总署改革开放30年百部重点图书、国家“十一五”重点图书。

摘要:

通过30年的从教感悟,作者在思考、探索、学习、践行如何做一个合格的大学教师。一要记住我们是教师,我们希望做个好教师。二要记住我们现在是教师,但曾经也是学生。三要懂得授课既是科学也是艺术。四要充分利用艺术元素来提升授课效果。五要完善授课的技巧来提高教学效果。

"百年大计,教育为本","教育大计,教师为本"。在中国几千年的灿烂文明历史中,"师"总是受人尊敬、被人爱戴的。西方文明中,老师也是极受尊重的,社会地位很高。老师,是人类文化得以传承的功臣,他们做的贡献是巨大的。三十年的从教历程,我一直在思考、在探索、在学习、在践行如何做一个合格的大学教师。

一、我们是教师,我们希望做个好教师

(一)做教师就要对教师职业热爱

每个人的职业倾向、职业爱好是不同的,当今中国,有大学学历的人,在进行职业选择时,或多或少会受到官本位的影响,特别是在有机会为官时更如此。"文革"结束后,教师的地位大大提高了,但是在市场经济的冲击下,在各色各样的诱惑下,仍然需要我们做教师的有坚定的信念,有始终如一的追求,要有做老师的奉献精神,要爱自己的这份工作。

本人1982年1月毕业以后,留校做教师三十余年,期间有三次面临与教师职业有关的重大选择:

第一次是大学毕业。那时我已经入党,官运光明。当时走出校门的同学现在绝大部分是司局级干部,还有几位做到了副部级。北京经济学院院长袁永熙找我,希望我留校,记得他说:要做好的教员,我们更缺好的教员,更缺好的大学管理者,更缺教育家。我听从了老院长的召唤,留校工作。

第二次是学习日语,出国留学。留校后很快就被学校重用。半年后,担任

校团委副书记，一年后担任劳动经济系党总支副书记，1984 年，担任劳经系党总支书记（正处级），并成为校级后备干部，可谓官运亨通。就在此时，我辞职了。我要通过留学，提高自己做教师的素质。在学校组织的日语强化班学习了一年日语，然后，由学校派出留学深造，在日本进修，读了经济学硕士和金融学博士。

如果说第一次、第二次的选择还是比较模糊的，那么，第三次的选择则是清晰与坚定的。1998 年，留学回国后，马上就有一个国家银行做总行高管的机会。张理泉校长找我谈了一次话，希望我继续留在学校，为我校劳动经济学科的重新崛起作贡献。在张校长的信任和激励下，加上我对教师职业的热爱，我毅然放弃了高薪的银行高管职位。

第三次选择以后，作为我校第一个海归博士，十几年来，我心无旁骛，全身心地投入到大学教师的职业角色中。我承担了大量课程和研究项目，获得了不少高等级教学、科研奖励，还受命组建首都经济贸易大学劳动经济学院。担任院长十余年，2000 年拿下了全国第二个劳动经济学博士点，2007 年拿下了国家重点学科，以后又相继拿下两个国家级特色专业，一个国家级优秀教学团队。创建了全国第一个人才学博士点/硕士点，劳动关系博士点。发起成立了全国第一批劳动关系本科专业，发起组建了全国劳动关系学会、人才测评学会等。我主持并主讲的《劳动经济学》被评为国家精品课程，《人力资源管理》被评为北京市精品课程。2007 年我被评为北京市教学名师，2011 年被评为国家级教学名师。

（二）做教师就要对学生尊重、热爱

列夫·托尔斯泰曾经说过："如果一个教师仅仅热爱教育，那么他只能是一个好教师。如果一个教师把热爱事业和热爱学生相结合，他就是一个完善的教师。"老师对学生的爱，会被学生内化为对教师的尊与敬，进而把这种尊敬转接到教师所教的学科上，正所谓"亲其师，信其道"而"乐其道"，成长中的学生需要更多的关心、鼓励和激发。给学生阳光，他们就会灿烂。教育家陶行知曾说过："你的教鞭下有瓦特，你的冷眼里有牛顿，你的讥笑中有爱迪生。"因此爱的教育既是我们教育的支柱，也是教学上的巨大推力。

教师对学生的尊重，是一种十分重要的教育方法，任何一位教师在教学

中，只有与学生建立良好的师生关系，才能有更好的效果。这就要教师“感情投入”，其“投入”必须以教师的热情、平易、和蔼为基础，把情感置于教学中，为学生创设活泼愉快的学习氛围。

在我们的教育理念中，应该有一个核心，就是要尊重学生，再加上敬业精神，加上学识，来获得学生的尊重。尊重是一切的根本，教师如果得不到学生发自内心的尊重，什么规定之类，可能只是徒有其形。受尊重是需要有内涵的，学生可以或者尊重你的学识，或者尊重你的才能，如果都不是，最起码你的品格可以值得尊重。

对处在困境中的学生进行关心、鼓励、帮助、引导，这犹如涓涓细流，流淌在学生心灵之间，让他们享受到教育的温暖，激发起奋进的欲望。我带过两个农村来的硕士生，刚开始她们缺乏自信，但是最后，这两名硕士生双双获得了我校优秀硕士论文，考上了博士，博士毕业后，又以被激发出来的潜力，表现出强大的实力，在激烈的竞争中胜出，一个成为大学教师，一个成为国家级研究院的研究人员。

（三）做教师就要研究课堂规律

授课是一件很累的事，讲得好又是一件令人愉快的事。高水平的讲课，是对学生的启迪，也会令老师本人感到骄傲，自豪。当你觉得真正吸引住了学生时，那种感觉很棒，会体验到一种幸福感。要做好上课的准备，不只是单纯的备课，要思考怎样能让学生听进去，听明白，而且很愿意听。授课是一种艺术，某种意义上说，与话剧艺术是同宗的。大家看过于是之、蓝天野等话剧艺术家出演的茶馆吗？那真是一种享受啊。

初登讲台，我们有的是热情，缺少的是教学经验，从教伊始，如何更好地完成教学任务，让学生理解并掌握所学知识，这是一门学问；而用最简单的方法达到最直接有效的教学目的，使学生融会贯通，举一反三，这又是一门艺术，在科学与艺术的海洋里，我们只有不断地探索与积累，研究课堂规律，取百家之长，才能形成自己独特的教学风格。师生都是课堂教学的主人，在课堂教学的过程中，只有交相辉映，不断启发学生，才能使学生不但能够“学会”，而且能够“会学”。

二、我们现在是教师，但曾经也是学生

不同的教学风格有不同的效果，严谨的教学风格可助学生缜密思考；激情的教学风格可助学生生龙活虎；情感的教学风格可使学生如沐春风。我们也曾经是学生，究竟什么样的教师对我们的启发和帮助最大呢？你现在要给学生的，很可能是你学生时代最渴望得到的。时代虽然不同，但同年龄段的人的基本特征是一样的，学生时代最喜欢的教师和后学生时代最感谢的教师，应是对我们启发和帮助最大的教师。但是，上学时喜欢的老师与工作后认识到的对自己有帮助的老师并不完全一致。我们要认清原因，努力做到一致。教师对学生的影响是巨大而深远的，我们当过学生，现在我们是教师，我们要在角色换位的过程中不断体验不断反躬，不断思考。

（一）我们面对的学生与二十年前，甚至是十年前的学生有很大的不同

我们现在面对的学生大多是90后，他们在和平、开放的环境下成长起来，经济迅速发展，物质生活发生了巨大变化；社会管理宽松，呈现脱意识形态、观念多样化、较高程度的娱乐化态势；与此同时，电视普及，频道众多，出现大量的轻松、休闲、无厘头的内容及栏目；网络媒体迅速兴起，大量的网络视频形式与上述电视频道相同。电脑在多领域、大范围大量应用，手机等通信设备、数码相机（摄像机）、视频音频产品成为家庭日常用品，图片、照片、视频材料、资料、广告充斥于目，教学中大量使用PPT。

90后学生基本上是独生子女，多数受到父母家人的溺爱，自我中心倾向严重，享乐主义盛行。在这样的环境下成长、生活、学习，形成了一种特殊的生活、学习方式，养成了一定的了解、认识事物的习惯和模式。他们有效地接受知识、观点时，更需要轻松、动感、具体、比较有趣的形式。

大家可能感到现在的学生难教。事实上可能是这样。我们应该问一问现在的学生为什么难教？这个难教中最大的难可能是来自于老师与学生在价值取向、基本兴趣取向，语言的操用、行为模式倾向等方面的较大差异，老师的期望与学生的现实表现有较大的差异，这是代沟，特别是独生子女成为学生主体以后的交叉型代沟。当今社会知识爆炸，伴随着中国经济快速发展，社会变迁

异常迅速，价值观、人生观、职业观、金钱观、家庭观、工作观、生活观、恋爱婚姻观等观念，过去可能是几十年，甚至是几百年都没有什么变化，而现在，几年就可能发生很大的变化。过去是“前喻社会”，如今已进入“后喻社会”的时代。如何在教书育人的过程中，最有效地克服客观存在的代沟的消极影响，而不是无可奈何地回避，或仅仅发一些议论，是需要我们认真地不断思考、探索的问题。

（二）教师在一定程度上缺乏“教”的本领

学生难教的原因除了代沟之外，教师缺乏教的本领也是重要原因。一是因为现在知识的来源越来越广泛，教师已不是大学生们获得知识的主要来源，在大学里，教师知道的知识在很多方面已远远不如学生，很多新的知识，教师不知道，即使是我们引以自豪并以此为业的专业知识，也受到学生的挑战，我们学的是什么时候的知识？我们的知识在不断更新吗？二是工作方法简单，思维方式单一，没有教育智慧，缺乏教育反思，归根结底，没有用科学的态度来从事教育工作，是造成学生难教的一个根源。有教育专家指出，当前不少教师实施的是“干涉式教育”，“干涉式教育”是不尊重学生的、灌输式的教育。教师一张口，居高临下的教育架势就摆出来了。“干涉式教育”通常属于低科技含量、低人文含量的教育。进行这种教育，不需要多少专业知识和先进的教育理念、方法，效果很差。“启发式、帮助式教育”才是科学的方法，也是真正有效的方法。

（三）教师要注重培养自身的人格魅力

学生受教育的过程应该是一种人格完善的过程，这在很大程度上取决于教师本身人格力量所施加的影响。教师的人格力量来自于学术水平与道德情操的完美统一，不仅要学识渊博、循循善诱，更要通过言传身教，通过榜样、无言的力量教给学生做人的道理。没有人能将自己没有的东西献给别人。要使学生树立坚定的信念和远大理想，教师自己首先要有正确的世界观、人生观和价值观，这是为人师表、垂范师德的基础。一名理想教师的知识结构包括三个方面，那就是：广泛深厚的文化科学基础知识，扎实系统精深的专业学科知识，全面准确的教育科学知识和心理科学知识。这应该是教师的一种追求，也是一种可能实现的境界。

三、授课既是科学也是艺术

教学首先要传授专业知识,从这一层面说,授课包含一整套技术程序,具有规律性,是一门科学;其次,在传授知识的时候,要考虑对象的接受能力、兴趣,让他们愉快地、最大限度地接受知识,从这一层面说,授课需要一定的天赋,需要创造性地反复实践,也是一种艺术。授课实践证明,授课兼具科学性和艺术性,授课是科学性与艺术性的统一:如果没有授课的科学性,其艺术性也就无从谈起;如果没有授课的艺术性,授课的科学性也无法得到充分的实现。从这个意义上说,两者是相辅相成的。

(一)授课是一门科学

科学性讲授是课堂教学的基本手段和方法,课堂讲授要具有科学性。这里的科学性有三个层面的意思:首先,要有科学的内容。其次,要有科学的态度。再次,要用科学的语言。

教学内容要科学,符合逻辑,严谨细致。同时,教师要以科学的认识论和方法论作为授课指导,实事求是,不信口雌黄、不主观片面、不搞绝对化,尊重科学、严谨治学。讲授任何一门学科的知识,都要运用该学科的专业术语。说授课是一门科学,是因为教师职业生命的意义就在教学,教书育人,指引学生汲取知识,锻造学生培养健全品格。授课有它特有的理论体系和内在规律,更需要通过教育教学实践才能领悟和体会。

(二)授课是一门艺术

说授课是一门艺术,也就是说,教师如何运用最适合学生的各种教学方法使教学内容得以灌输。内容是授课之本,授课形式是促成内容被接受的手段,人们有一个本能的表现就是:喜欢则接受,不喜欢则排斥。教学只有讲求艺术,才能使学生在教学中得到美的享受,激发起学生向上的热情和追求知识的渴望,从而使学生喜欢上教学环节,达到教学目的。

这里讲的艺术性有两个层面的意思:首先,语言要有艺术性。语言是思维的外壳,清晰的语言反映教者清晰的教学思路。为了获得理想的教学效果,教师必须努力提高自己的语言修养,运用具有艺术性的教学语言,使学生在美的境界中受到感染,获得知识。其次,方法要有艺术性。恰当的教学方法可以使教学达到事半功倍的效果。方法是一种教学的手段,采用不同教学方法的依据是教学内容,不同的教学内容需要运用不同的教学方法,教学方法的选用要符合教学内容的要求。教学的实践证明,最符合教学内容要求的教学方法并不是有多个,所以就要求教师要根据教学内容精心选择教学方法。

四、艺术元素的注入是提升授课效果的利器

(一)授课的艺术性提升学生满意度

首先来看我们对学生的一项调查。该调查希望了解学生对教师授课效果评价受到哪些因素的影响。根据国内外关于学生评教的影响因素的文献研究,加上日常的观察,与部分教师、学生的交谈以及自身的判断等,我们设计出了调查问卷,研究学生评教的影响因素。教师特征方面主要包括:年龄、外貌、教龄、着装、职称、学历、毕业学校、言谈举止、知识面、教师对学生严厉程度、教师与学生的关系、课程负担以及教师对学生的尊重程度等;课程特征方面主要包括:对课程的兴趣、班级大小、课程的冷热程度、课程的难易程度、授课方法与艺术以及教学条件等。研究选取了北京大学、首都经济贸易大学、中国劳动关系学院三所院校的450个样本进行调查,覆盖了不同院系、不同专业、不同年级,对高校学生评教进行较为深入、全面的实证调查。结果显示:在回答"教师的授课具有艺术性,我会给教师打分高些"一题中,调查总数63.4%的学生表示同意。由此可见,注入艺术元素之后的课堂,学生对授课效果的满意度和对教师个人的认可度都会有所提升。

(二)艺术的表现手段和方式

何为艺术?关于艺术的定义有很多,一般认为,艺术是通过塑造形象以反映社会生活而比现实更有典型性的一种社会意识形态,如文学、绘画、雕塑、音乐、舞蹈、戏剧、电影、曲艺、建筑等。艺术是一种文化形式,与人的实际生活密

切相关。艺术价值是很重要的精神价值,其客观作用在于调节、改善、丰富和发展人的精神生活,提高人的精神素质,通过表现和展示、传播等过程触动、激发受众的情绪,引导受众的欣赏行为。艺术通过不同的技术手段、材质因素、构思方式、传播形式、创作形式、结构形式、表意形式、媒体形式等等以显性和隐性的特征存在于各种具体的形式之中。

一般来说,根据表现手段和方式的不同,艺术可分为:表演艺术(音乐、舞蹈等)、视觉艺术(绘画、摄影等)、造型艺术(雕塑、建筑艺术等)、视听艺术(电影,电视等)、语言艺术(文学等)、综合艺术(戏剧、歌剧等)。这些不同表现形式中的艺术元素都可以选取,恰当地注入到课堂教学中来。

(三)备课也要有艺术性

备好课是讲好课的基础。讲课是教学中最重要的环节。成功的讲课如磁场一样能吸引学生。教师就像演员,它要求教师始终处于一种充满激情的状态。要努力使自己的讲课清晰易懂。听课不同于阅读,要求教师的讲课必须有助于学生记忆。要实现这一目的,教师讲课时应有意识地放慢讲话的速度。备课的过程中也有很多地方需要兼顾其艺术性。首先,"备课"与"备人"相结合。教材是本书,万人一版;教学对象——学生则是千人千样。教师备课,既要"胸中有书",更要"目中有人"。这就要研究学生特性。只有对学生的情况都有所了解和研究,才能有的放矢地正确选择教学方法并把教学要求落实到每个学生身上。其次,教法与学法相结合。传统的备课,只备教师怎么教,不备学生怎么学;现代备课,既要备教师怎么教,更要备学生怎么学。要提倡备那种"学生为主体,教为学服务"的理念。再次,"备目的"和"备方法"相结合。授课一定要有明确的教学目的,为了达到教学目的,必须有相应的有效的教学方法。我们常说:"教学有法,教无定法"。这话确有道理,首先是"有法",其次是"无定法",要灵活多样,此事用此法,彼事用彼法,不能一成不变。如果再加上一句"自有自法"可以更完整些,也就是说,要有适合实际情况的自己的方法,别人的先进经验、先进教学方法都可以学习也应该学习,但是一定要变成自己的方法,不应该生搬硬套。

五、对授课的技巧的关注也会提高教学效果

授课的技巧主要有:使用 PPT 的技巧、开场白的技巧、提问与回答问题的技巧、语言与表演技巧。下面我着重讲一下这四个授课技巧,除此之外还有板书的设计、课堂的布置、使用道具、授课形式的多样性以及烘托氛围等技巧。

(一)使用 PPT 的技巧

使用 PPT 产生正向效果的主要影响因素有三个:首先是教师,其次是学生,再次是环境。PPT 的使用要根据不同的学科来区别看待,不是所有的学科都适合采用 PPT 辅助进行授课教学的。我们做了一项《关于不同学科门类课程使用 PPT 的效果》的调研,结论是:经济学、工学、管理学、文学这些门类的学科课程比较适合用 PPT 辅助进行课堂授课,而理学、法学、哲学则不适合用 PPT 辅助进行教学(参见下图)。

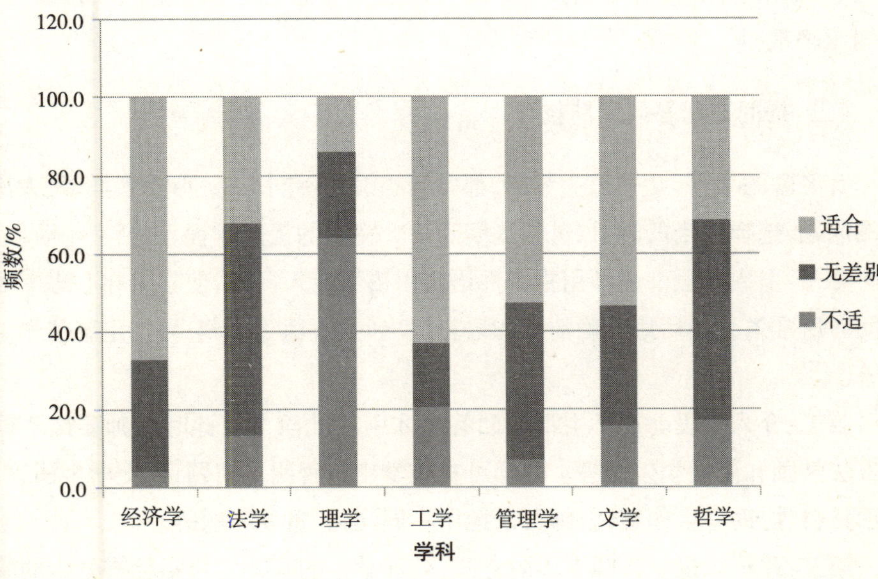

不同学科门类课程使用 PPT 效果调查表

另外,PPT 的制作要以人为本,以观者为本。整个 PPT 看下来,图片要统一的感觉,色彩不要相差太大;图片组合风格统一:要显示主体还是辅助文字,确定好以后,对图片大小和布局进行整理,每个 PPT 要分清主次,多个图片之间的逻辑结构要有规律;图表展示要清晰。一个 PPT 中,最好只有一个图表,因为图表的特点就是使复杂的问题简单化,所以要求图表一定要用简单的元素概述复杂的问题。另外最重要的一点是,教师的解说是建立在充分了解 PPT 所要展示的信息基础上,因此,PPT 所要展示的信息应该是教师解说需要遵循的一个梗概和思路,只是起到提示作用,而不应该是主要作用。

(二)开场白的技巧

开场白与结束语是授课、演讲的两个必须高度重视的环节,据国外专家的调查分析,这两个环节成功了,授课、讲演至少成功了 20%。开场白如何既能开宗明义,又能立刻抓住听众,这是需要认真设计的,并且要运用这些技巧。失败的开场白往往败于俗套、陈腐、千篇一律式的、应付差事式的,还有就是漫不经心,无精打采,或过于紧张。开场白的类型有悬念型、趣味型、实例型、新旧知识联系型。

(三)提问与回答问题的技巧

有经验的教师,几乎每一节课,都要精心编拟不同水平、形式多样、发人深思的问题,选择恰当的时机,进行提问。一个完整的提问过程,包括三个阶段:

第一:引入阶段。教师用指令性语言由讲解转入提问,使学生在心理上对提问有所准备。然后用准确清晰的语言提出问题,稍等片刻,再指定某位学生回答。

第二:介入阶段。在学生不作回答时才引入此阶段。此时教师要以不同的方法鼓励和诱发学生作答。教师可查核学生是否明了问题;催促学生回答;提示材料,协助学生作答;教师可以运用不同词句,重复问题等。

第三:评核阶段。教师以不同方式,处理学生的答案。包括检查学生的答案;估测其他学生是否听懂答案;重复学生回答的要点;对学生所答内容加以评论;依据学生答案联系其他有关资料,进行延伸和追问;更正学生的回答;就学生的答案提出新见解、补充新信息;以不同词句,强调学生的观点和例证。

也可引导其他学生参与对答案的订正和扩展。

（四）语言与表演技巧和表演艺术

语言表述包含四个关键要素：语音、语量、语调和语速。

语音：语音是语言的物质材料。在教学中，要用准确、流畅的普通话。语音力求清晰、清脆、悦耳，音色圆润，吐字清楚。造成吐字不清的主要原因是唇、齿、舌在发相应的字音时不到位。这种问题，只要有意识矫正，并且经常练习，是可以解决的。

语量：语量是指讲话声音大小。语量要符合语言情景和表情达意的需要。课堂口语还要注意语量的保持，教师要把每一句的最后一个字都清清楚楚地送进学生的耳朵。不能先强后弱，越说越没有底气。爆发式的语音激变，会使学生吓一跳，也要防止。

语调：语调是指讲话时，声音的高低升降、抑扬顿挫的变化。语调能强化表情达意，增添口语表达的生动性。要求语调自然、适度、力争优美，能掌握高亢、沉重调、短促调、加长调、重音调等"调式"，进行朗读与讲述。

语速：能根据讲解内容和个人表情达意的需要，运用恰当的语速说话。在应该快速讲说时，不绊嘴，语言流畅；在应该慢说时，不拖沓，声声入耳。在课堂教学中，语速要适度，一般每分200~250字，但是每个字所占的时间并不一样；句中、句间还有长短不一的停顿，这些音的长短和停顿的长短所构成的快、慢变化，就是节奏，善于调节音程的快慢变化，形成和谐的节奏，也可以加强语调表达的生动性。

语言是人类交际活动的最主要的信息载体，但是交际工具不仅仅是语言，人们还依靠一些非言语行为来传递信息和表达情感，如各种手势、姿势、眼神及面部表情等，这就是非言语交际。美国心理学家伯特·梅宾总结出这样的公式：交流一项信息的总效果=7%词语+38%声音+55%面部表情。在教学实践中，教师非言语交际中，那些富有表现力的行为同言语一样，在教学中起着举足轻重的作用。

非言语交际的表现方式有很多，与课堂教学相关的主要是面部表情。面部表情是感情的集中体现，人们的喜怒哀乐往往都是从面部表情中体现出来。在教学中，教师的面部表情的变化会直接影响到学生的学习心理。罗曼·罗兰说:“面部表情是多少世纪培养成功的语言,比嘴里讲的复杂多少倍的语言。”经常以微笑面对学生的老师会给学生带来一种亲切感和信任感,从而可以迅速缩短师生之间的距离。

有些教师片面追求活跃的课堂气氛和师生互动,课堂气氛“热闹非凡”这种课堂貌似活跃而缺乏深思,有许多虚假浮躁的成分在里面,是不值得提倡的。

六、结　语

做个好教师不容易:教学、科研、社会服务,人品、师德,踏踏实实,专心致志,心无旁骛,爱生敬业,要全身心投入,静心凝气,不能浮躁。

大学教师真是一个好职业,让我们不断地去品味吧;大学教师真是一个好职业,这个职业能够从心底满足有知识,求修养,喜表演,追创新,爱钻研,愿奉献的人们的初始动机,已是大学教师的我们好好地珍视这个职业吧,把这个职业的内涵做得更精彩。

态度 方法 团队:研究生培养的三个关键词

湘潭大学　周益春

周益春,1963 年生。博士,教授,国家杰出青年基金获得者,国家级教学名师。日本东北大学访问教授,中国科学院力学研究所博士生导师。兼任中国材料研究学会常务理事、中国功能材料学会副理事长、中国力学学会理事。获国际功能材料科学家奖、国家杰出青年科学基金获得者、国家级教学名师奖、教育部"跨世纪优秀人才"。主讲连续介质力学、材料固体力学、材料的宏微观力学性能、高等数学、数学物理方法等本科生和研究生的课程,其中《材料的宏微观力学性能》被评为国家级精品课程,其教材分别被评为国家"十一五"、"十二五"规划教材,被评为国家精品教材。获湖南省教学成果一等奖和国家级教学成果二等奖。培养硕士 30 人,博士 17 人,其中担任博士生导师 9 人,"长江学者特聘教授"1 人,"国家杰出青年基金"获得者 1 人,"全国优秀博士学位论文奖"获得者 1 人,"全国优秀博士学位论文提名奖"获得者 1 人,"湖南省优秀博士学位论文奖"获得者 3 人,"宝钢奖"特等奖获得者 1 人,此外人均获得国家发明专利 1 项、国家自然科学基金 1.5 项,发表影响因子 1.5 以上论文 5 篇。从事"几种特殊的涂层和薄膜的制备,物理和力学性能分析"

的研究，承担国家自然科学基金杰出青年基金，国家自然科学基金重点项目、国家863项目、国家863引导项目和湖南省科技重大专项、教育部重大项目培育项目等。获得省部级自然科学奖一等奖、科技进步一等奖和二等奖各1项，获得国家发明专利15项。出版专著《材料固体力学》(上下册)，在Appl.Phys. Lett.，Acta Mater.等国际著名刊物发表学术论文150余篇，其中SCI收录的论文120余篇，被他人在《Science》、《Nature》等引用800余次。30余次在国际国内学术会议作邀请报告。

摘要:

研究生培养要有在四十岁以后把研究生当作孩子一样带的态度;要有适当的方法才会起到事半功倍的效果;要有一个优秀的团队,才能持续性涌现优秀的个体。

作为一名大学老师,从1999年至今,我共培养博士13人,其中晋升教授并担任博士生导师7人,“长江学者特聘教授”1人,“国家杰出青年基金”获得者1人,“全国优秀博士学位论文奖”获得者1人、“全国优秀博士学位论文提名奖”获得者1人、“湖南省优秀博士学位论文奖”获得者2人、“宝钢奖”特等奖获得者1人,此外人均获得国家发明专利1项、国家自然科学基金1.5项,发表影响因子1.5以上论文5篇……

能够取得这些阶段性的成绩,从导师的角度看,有三个关键词很重要:态度、方法和团队。

一、态度:在四十岁以后把研究生当作孩子一样带

在我看来,一个人能否获得成功,20%靠智商,80%靠情商。情商的内涵很丰富,其中有一个层面就是对待事业的态度。态度也许不能决定一切,但很多时候它的确至关重要,甚至说是一切事业的前提和基础。

多年来,我始终坚持一个信念:导师要发自内心地爱护自己的弟子,即在四十岁以前,要把研究生当作弟弟妹妹一样带,在四十岁以后,要把研究生当作孩子一样带。说得直白一点,就是“导师永远不要占学生的‘便宜’,要让学生多占导师的‘便宜’”。我年过四十,因此,这些年将研究生当作自己的小孩一样去关爱、赞美、批评、引导、包容,“悲伤着他们的悲伤,幸福着他们的幸福”。用我的弟子杨丽副教授的话说,周老师爱护自己的学生就像母鸡保护自己的小鸡一样。

有的导师认为,优秀研究生的培养需要导师和学生通力合作,但由于内因决定外因,所以在研究生的成长中,研究生自身的素质和努力才起到主导作

用。当然,从所谓哲学理论的角度看,这样的想法并没有错。但从导师职责的角度看,导师如果真这样想的话,则有推卸责任的嫌疑。在我看来,研究生能否成才,导师的作用才是主导性的:"没有教不会的学生,只有不会教的导师"。教育部原副部长张保庆也是这样理解的:"我们现在高水平的博士生不多,是因为导师有问题,导师水平不够,给博士生指导方向有误,不能把博士生带到领域前沿去,这很麻烦。"《中国青年报》的一则报道也佐证了我这一观念:一项共有 7730 人参与的调查显示,53.6%的青年学子认为读研值不值的关键在于"跟了哪个导师",导师在这个问题上的重要性,远远高于"自己的努力"和"学校的名气"。

无须讳言,湘潭大学由于学校品牌、建校历史、教育经费等原因,很难招收到天赋秉异的学生,这时导师如果没有足够的耐心和智慧去发掘学生的潜力,那么,学生的起点可能就决定了他们的终点。而将学生视作自己的孩子,情况可能就会不同,因为在每个父母的心目中,自己的孩子都是最好的,至少是可以越变越好的,所以他们都会付出百分之一百的努力去培养他们。像父母对待孩子一样相信孩子的未来,就有可能将起点低的学生培养得比较优秀、将起点高的学生培养得非常优秀,甚至可以将起点低的学生培养成杰出的人才。

在研究生培养实践中,我在力所能及的范围内,从精神和物质两个层面对研究生进行投入。在精神层面,我给他们上课,和他们聊天,和他们一起散步,一起开讨论会(我的学生还开玩笑地说,天天和周老师见面,都有点"烦"了)。由于和学生沟通得很多,我的研究生都有一个共同的感受:"和周老师在一起,就像和自己的父母在一起一样,很亲切,很温馨,没有丝毫距离感。因此,我们也敢于和他说自己的困惑、想法。"在物质层面,我想方设法为家境比较贫困的学生解决后顾之忧。为此,我在材料学科就立下一条"规矩":每位准备招生的导师从自己的科研经费中掏出 2000 块钱,作为研究生的奖学金。而我个人则将湖南省"芙蓉学者"的 10 万元岗位津贴全部捐出来,为家庭贫困的研究生设立奖学金。我这样做只有一个目的:让我们的研究生不要为吃饭穿衣发愁,从而将全部心思和精力投入到学习中来。

我这样做,其实还有一个理论上的支撑:为研究生创造"闲暇"。所谓"闲暇",是指求知者不必为生计而奔波劳碌。如果形而上的好奇之心被衣食住行所束缚,那么渴望仰望星空的人则不得不低头去看脚下的路。诚如亚里士多德所说,人们在闲暇时才会思考应该做些什么,而哲学和科学就是人们在闲暇时能够做和应该做的事情。此语可谓道破天机,深刻揭示出闲暇与创造的天然联系。我们现在使用的“学校”一词即源于希腊语的“闲暇”,因此,导师应该竭力为人才的培养创造“闲暇”。

诸位知道,现代人的身份越来越多,尤其是专业做到一定程度的中年人,更容易被社会赋予更多的角色。在当今社会,要找到一个身份完全单一的人几乎是不可能的。就像身份最单纯的普通教授往往也兼具学者和老师的双重身份;而作为老师,他们又很可能身兼本科教学、硕士生指导和博士生培养的三重任务。面对这些情况,一个人稍不注意,就会造成身份错乱。不过,假如他头脑清醒,规划得当,又是可以解决身份危机问题的。

而我化解身份危机的策略可以概括为四点:①在管理方面,给予下属足够的信任和权力,放手让他们去做。我作为副校长和学科带头人,只抓主要矛盾,思考和把握宏观性、方向性和前沿性的问题。事实证明,适当的“无为而治”比管得太多效果还好一些。②在科研方面,讲究团队合作,用课题带学生,如一个国家课题分解成很多小课题作为硕士或者博士论文题目。③比一般人更勤奋。我平时不唱歌、不打牌、不搓麻将,几乎将能用的时间都投在了工作上。很多时候,一下飞机就召开学生讨论学术问题,对我来说,开会就是休息。④一年只招一个博士生和一个硕士生。不管父母如何爱自己的学生,假如孩子太多,那么他的爱也是不够分享的。虽然我的科研经费充足,招生指标很多,但我坚持“宁缺勿滥”、“质量远比数量重要”的原则,每年只带一个博士生和一个硕士生。

二、方法:适当的方法会起到事半功倍的效果

所有的父母都爱自己的孩子,但不是所有的父母都能教育好自己的孩子。同样的道理,如果导师对学生只有“爱心”,却没有掌握行之有效的方法,那么,这种爱也可能是“糊涂的爱”,对学生的成长,尤其是专业上的提升并无实质性的帮助。鉴于这样的认识,在研究生培养过程中,我极为重视方法的创新与运用。而我常用的方法主要有六种:

一是“聊天选材法”。我推崇导师的主导作用并不等于不重视选材的重

要性。毕竟人各有所长，又各有所短，要是录取了一个根本不适合从事科研的人，那么任何导师都将束手无策。湘潭大学这个平台和名牌大学相比有一定差距，招收到特别有天赋的学生有些困难，但是依然具有一定的吸引力，还是有机会招收到一些科研方面的潜力股，关键要看如何去选拔。在人才选拔方面，我比较偏爱有“惊异”之心的学生。

所谓“惊异”，是指对万物，包括自然、社会和人自身有强烈的好奇之心。因为这种好奇之心，人们产生了探究未知世界的欲望——探究未知的自然催生了自然科学；探究未知的社会催生了社会科学；探究未知的人生催生了人文科学。中国的基础教育目标过于功利性和单一化，导致学生们的“惊异”本性遭受长期的压抑和遮蔽了。借用爱因斯坦的话说，“现代的教学方法，竟然还没有把研究问题的神圣好奇心完全扼杀掉，真可以说是一个奇迹。”

中科院院士郑哲敏早年留学美国加州理工学院时，做过钱学森的学生。他回忆说，几个研究生因为喜欢科幻而迷上了火箭，成立了“火箭俱乐部”（钱学森是这个俱乐部最早的五位成员之一）。当时火箭还是人类幻想中的东西，而五个小伙子却对火箭研制投入了巨大的心血，还曾发生过几次爆炸事故，由此被人戏称为“自杀俱乐部”。而正是这个民间组织，成为美国历史上最早的研制火箭的小组，本来研究专业为航空的钱学森也是因这个业余兴趣转向了航天研究。

遗憾的是，中国的大学似乎一直在做相反的工作：对这些“惊异”本性进一步压制，甚至干脆消灭。很多学生步入大学后，发现自己从一个模子走向另一个模子，从一种应试教育走向另一种应试教育。比如大学里的必修课占据了极大的比重，只要有一门必修课（包括英语四级）未通过考试，就拿不到毕业证或者学位证。当他们想进一步深造自己喜欢的学科时，又会遭遇“第二次高考”——研究生入学考试。研究生初试不但要求总分过线，还要求单科（包括英语和政治）也要过线。当他们好不容易考上研究生后，又必须面对硕士生培养本科化、博士生培养硕士化的尴尬。总之，目前主流的人才评价或选拔体系貌似很“全面”，实则很“单一”，所产生的必然结果是：“人才”是被有关部门“拔出来”的，“塑出来”的。很多学生为了迎合“拔”和“塑”的标准，不得不花费大量时间和心思去弥补自己薄弱的、甚至厌恶的环节。在强行弥补的过程中，求知者原本真实的兴趣、个性、特长和激情也渐渐消失殆尽。

应该说,造成这样的困境,大学的管理者和老师都要承担相当大的责任。我们一方面把“管理创新”和“方法创新”整天挂在嘴边,另一方面又缺乏创新的勇气和创新的才华。换言之,教育者自己早已没有了“惊异”的勇气,又怎么能激发受教育者“惊异”的冲动?最明显的证据就是:大学很少用“求异”思维去树立办学的目标,更多是用“求同”思维来确立办学的思路:官方要我们搞什么,我们就要搞什么;别人已经有了什么,我们就要搞什么;社会正在流行什么,我们就要搞什么。

或许,我们已经习惯于将自身盲从的罪过归结于体制,表达出“我其实很想改变,但体制不让我改变”的苦衷。必须承认,在当下,做一个有思想、有变革、有创造的教育工作者确实不易,但是,只要我们有足够的勇气、足够的品质、足够的坚持和足够的智慧,其实依然可以在自己的“地盘”里做一些局部的变革或者变通。到最后,我们或许会发现,“体制”并非想象的那样冥顽不灵、顽固不化。

正因为我深感“惊异”对创新的重要性,因此在招收研究生时,我看重的不是学生的考试分数,而是他们思考问题的能力和表达思考的方式,简言之,我偏爱喜欢提问和善于提问的学生。我不喜欢通过常规的考试来考察学生,而是偏爱用“聊天法”来探测学生的潜力,包括他们的性格、思维、表达能力等是否有可塑性。就像我的博士蒋丽梅所观察到的那样:“周老师特别喜欢奇才”。我的博士马增胜,本科毕业的学校非常一般,到湘潭大学上研究生后考试成绩也很一般,但在听我开的《材料固体力学》课时特别喜欢问问题,还经常和我争辩,我由此发现了他的科研潜质,就破格招他为硕博连读研究生。短短三年时间中,马增胜进步非常大,在薄膜力学研究方面做出了出色的成绩:其论文发表在力学学科影响因子(为5.08)最高的《国际塑性力学》期刊上;一毕业就获得国家自然科学基金项目;协助魏悦广教授和我组织的“中国力学大会——2011暨钱学森诞辰100周年纪念大会的薄膜、涂层及界面力学专题研讨会”吸引了一批国内外著名专家参加。

二是“潜移默化法”。有什么样的父母就有什么样的儿女,我的学生王金斌和钟向丽是科研上的“金童玉女”,平时很忙,吃饭的时候常会催小孩“快点、快点,学生在等我了”,耳濡目染,他们的小孩和同学们做游戏时也会说:“快点,快点,学生在等我了!”同样的道理,有什么样的导师就有什么样的学生。在我看来,导师可以被超越,也应该被超越,但导师首先应该被模仿。如果学生一直超越不了导师,那是学生的失败;如果导师曾经不被模仿,那是导师的失败。我的硕士生导师赵伊君院士、博士生导师解伯民教授和段祝平教授深深地影响了我的一生,现在的我,不仅希望用"言传",更期待用"身教"来影响自己的学生。赵伊君院士已经82岁,解伯民教授已经81岁,"年轻一些"的段祝平教授也已74岁,他们却还在为国家的强盛奋战在科研阵地,我才48岁,怎能懈怠?如果懈怠了,我的学生如何看我?所以,努力是我必然的选择,我很努力,我的学生自然不好意思偷懒。我的博士杨琼在接受记者采访时,这样描绘我的生活:"大年三十前一天才回家,正月初三就回到办公室,经常和我们一起吃盒饭,我们从未见过如此努力,如此痴迷工作的人。正是在他的感召之下,我们也变得非常的努力,你看现在是正月初十,我们整栋大楼已经灯火通明,同学们都回来做研究了。"

三是"圆桌会议法"。我相信培养研究生,还必须给予研究生足够的"自由"。所谓"自由",既指身体的自由,也指思想的自由,在当今大学,当然更指精神的自由。黑格尔说:"思想的自由是哲学和哲学史起始的条件"。其实,思想自由也是一切创造性事件起始的条件,包括布鲁贝克所言的"自由是追求真理的先决条件"。这就要求教育者在制度上确立"兼容并包"的地位,进而保护每一个自我"思想自由"的权利。钱学森说:"加州理工学院给这些学者、教授们,也给年轻的学生、研究生们提供了充分的学术权力和民主氛围。不同的学派、不同的学术观点都可以充分发表。学生们也可以充分发表自己的不同学术见解,可以向权威们挑战。"这大概是"我爱我师,我更爱真理"的一种自然表现。而在如今的中国大学,很少有求知者能当面对导师、权威和领导说一个"不"字。这其实是多重因素造成的。

一是"枪打出头鸟"的文化传统让求知者缺乏足够的胆量。

二是师生缺乏表达不同意见的平台。比如最应该追求学术民主的学术会议其实也极为官本位,第一个做大会报告的人基本上是官最大、地位最高的,但学问可能非常一般的人。随后是按照级别、权威程度排序,真正一线年轻人没有机会表述。

三是求知者本身也缺乏足够的独立思考和独立发现,的确没有什么意见要表达。斯坦福大学校长约翰·汉尼斯认为,中国大学课程设置以讲座式为主,小组讨论的方式很少,也就是说,大学极少能够为学生提供自主学习、自主研究的平台,导致他们没有思考空间,没有时间"胡思乱想",没有精力做"自己的事情",自然也就很难形成自己的见识。

必须承认,我无法用一己之力改变整个现状,但我可以在日常的研究生培养中,尽力保护学生的思想自由。比如我经常性召开"圆桌会议"。在"圆桌会议"上,我从未将自己当作掌控话语权的校长、导师和权威,而是将自己视为与学生平等的一名科研人员,研讨一些共同的学术话题。我很欣赏尼采的一段话:人永远做一个只崇拜老师的学生,这并不是对老师最好的报答,学生应当打破对老师的崇拜,扯碎老师头上的花冠,走自己的路,超过老师。正是在我的鼓励和"放纵"之下,我的学生喜欢和我"吵架",有时还"吵"得很厉害,这点我特别喜欢,因为我们为学术问题而"吵",他们敢和我"吵"代表他们不迷信、不盲从,有胆识、有发现和有思想,像我们最近刚刚完成的一本书的提纲,就是"吵了好几场架"的结晶。我的学生王金斌教授很自豪地对媒体说:"周老师经常被我们批得'体无完肤'"。

我还将研究生的博士、硕士论文放到圆桌会议上让学生一起来审,让他们找出其中的优缺点,然后再总结,这就可以让学生获得很好的启发。他们申报项目也是如此,我鼓励学生在会场对项目选题进行充分的集体讨论,一般只提缺点,很少说优点,通过讨论,课题申报书获得了完善,所以他们申报的项目基本上是百发百中。另外,我每年都要倡导两次大的学术讨论会,会议的标准和程序全部按照国际会议的通行规格,然后让学生自己组织,自己讲,大家讨论,这样既锻炼了学生的思考能力,又锻炼了学生的组织和表达能力。

四是"论文修改一段法"。我很重视文章的文字表达,为此特意从中文系和英语系请来写作老师给博士生上写作课,以此来提升他们的表达能力。同时,还需要抽出大量时间给学生改论文,并且是当面修改。我一般要求学生坐在旁边,然后选择其中有代表性的一段,一个字,一个词、一句话地改:为什么要用这个词,不用那个;为什么用这种时态,不用那种时态,当面指出来,这样学生的印象就非常深刻,改一遍就管用,大部分学生改了一两次就可以自己用英文写作和发表论文了。谈及论文修改,钟向丽教授在接受采访时提及一件让她终生难忘的往事:"2008 年冰灾,她预产期将近,不方便出门,我的导师周益春教授就踏着冰雪,到我家里给我修改论文。"

五是“战略眼光选题法”。一个诗人不能遮住另一个诗人的光芒，但一个科学家足以让另一个科学家被遗忘，也就是说，人文科学研究“喜新不厌旧”，自然科学却“喜新厌旧”。所以，一个科研工作者要站在科研的最前沿发现问题，确定哪些问题是目前最重要的，是学术上的金矿。在我看来，一个好的选题意味着成功一半，可究竟如何选题呢？可以归纳为九字方针：一是“有意义”，即要有学术价值，属于科学问题，要有解决的价值；二是“有条件”，即要具备解决该问题的条件，能够解决；三是“有应用”，即国家和社会有这样的需求，尤其要考虑国家重大需求问题，国家不需要的选题，选了也没有用。国家所需要的，就是人们共同的需要，也就是每个人都需要。像我们最近研制的铁电薄膜存储器、航空发动机热障涂层涡轮叶片以及薄膜动力电源等，都是关涉国计民生的现实课题。有了好的选题，好的思想，再加上勤奋和适当的方法，应该能够做出独特并且比他人更好的成果。

六是“九九八十一难法”。研究生的科研潜能需要借助一些外部压力来激发，因此，我联合导师组，为研博生们设置了“九九八十一难”。面试的时候，导师组在一起分析哪个学生适合做什么，又适合哪个导师来带。学生进校后，导师组又在一起商讨要开设哪些有针对性的课程。接下来是每两周召开一次的小型讨论会，在讨论会上，学生要向导师组汇报自己阶段性的思考和接下来的打算，这样做有两个立竿见影的效果：一是保证学生一直在学校；二是让学生锻炼出比很多文科生都好的口才。必不可少的还有每年两次的中期检查，即暑假前进行一次，放寒假前进行一次。然后是开题报告，分为两组进行，导师和他指导的学生分开，这样更方便其他导师对论文的构想进行“口无遮拦”的批驳。熬到论文答辩时，他将论文交给答辩秘书，导师组再根据论文的方向分给两个导师进行内部初审。如果这篇论文最后没有通过答辩，那么他既不找导师负责，也不找学生负责，而是找两个审核人负责。经过层层把关和层层考核，我的研究生最后都完成了蜕变。“过程越地狱，结果就越天堂”，这是我常常和研究生说的。

作为导师，必须清楚本科生培养、硕士生培养和博士生培养的区别——“给本科生常识，给硕士生方法，给博士生视野”，如果将研究生培养本科化，如天天上课，考试，不仅很累，也没有什么成效，如果遵循研究生培养的特点和规律，注重“战术”，即方法、思想和视野的训练，就会起到事半功倍的效果。

三、团队:有一个优秀的团队,才能持续性涌现优秀的个体

研究生培养是一个系统工程,除了导师、学生的因素至关重要外,还有一个常被忽视的因素——团队。在我看来,团队意味着一种氛围、一种传统、一种文化、一种土壤,没有优秀的团队,或许也能产生个别优秀的人才,有一个优秀的团队,才能持续性涌现优秀的个体,就像巴西更能产生大批的足球明星,美国更能产生大批的篮球明星,中国更能产生大批的乒乓球明星一样。举个简单的例子,博士论文的选题、结构、创新点、文字表达、一些涉及其他领域的试验数据等,是研究生一个人做决定更好?研究生和自己的导师一起做决定更好?还是融合一群导师和研究生的智慧更好?答案显然是后者。这就需要建设一个高水平且团结的科研教学群体。鉴于此,我一直致力打造一个具有凝聚力和向心力的团队,以期为个人和整个学位点的研究生培养营造一个和谐的氛围和高水平的平台。

经过十余年的建设,到目前为止,我们团队是教育部创新团队、教育部首批教学团队、湖南省首批自然科学创新群体。团队共有教师 19 人(教授 10 人、副教授 6 人,讲师 3 人),其中国家教学名师 1 人,国家杰出青年基金获得者 2 人,教育部“长江学者”计划特聘教授 1 人,湖南省“芙蓉学者”计划特聘教授 6 人,湖南省“百人计划”专家 1 人,另有博士生、硕士生 70 余人。那么,如何将这些优秀的个体打造成更有战斗力的整体呢?在我看来,作为一个团队领头人,一定要有“小赢靠智,大赢靠德”的理念,并且至少要做到以下两点:

一是不断加强自己的专业水平。我有一个偶像,就是我国著名材料科学家、中国科学院和中国工程院资深院士,国家最高科技奖获得者师昌绪先生。2007 年 6 月 1 日,师昌绪先生赠送给我一副亲笔题词:“做人要海纳百川,贵在诚心;做事要认真负责,贵在坚持;做学问要实事求是,贵在探索,与周益春教授共勉”。这正是我为学、为人的标尺。作为团队带头人,如果我只懂得做协调工作,只知道站在一旁指手画脚,是不可能让人信服的,因此,我自己首先必须是个专家,有强烈的事业心、责任心,必须深入到教学科研第一线去,否

则，不可能有新的思想和战略眼光，也自然无法带领整个团队朝着正确的方向前进。”正是因为有这样的信念，并通过数十年如一日的辛勤付出，我才在科研领域取得了一些成绩：先后承担国家自然科学基金杰出青年基金、国家863项目、国家863引导项目、国家自然科学基金重点和面上项目、湖南省科技重大专项、教育部重大项目培育项目等多项课题；先后获得省部级自然科学奖和科技进步奖一等奖各1项，科技进步奖二等奖1项，国家发明专利15项；在Appl.Phys.Lett.，Acta Mater.，Int.J.Plasticity等国际重要刊物发表SCI收录论文120余篇，论文被Science等国际著名刊物他人引用600余次。也因为这些成绩，我才被能成为2005年国家杰出青年基金获得者、教育部“跨世纪人才”和湖南省“芙蓉学者计划”特聘教授。

二是有包容心和牺牲精神。衡量一个学术带头人是否成功不仅要看他自己做得如何，更要看他的团队做得如何。带好一个团队是非常复杂的事情，但一个有智慧的人可以让复杂的事情变得很简单，简单到只有两个词：“包容”和“牺牲”。我很推崇师昌绪先生的观点：做人不要嫉妒，因为“嫉妒是万恶之源”，有了嫉妒，会造成不团结，互相拆台，以至于可以完成的事情完不成，假如一个团队的领导嫉妒心太强，“武大郎开店，高者我不用”，那么更会使这个团队每况愈下，一代不如一代。每个人都有优缺点，在日常生活和工作中，要多看他们的优点，缺点可以批评，但放在私底下，并且表达得艺术一点，公开的场合，鼓励要多一些。在涉及到个体利益的时候，我则告诫自己要看得超脱、淡然一些，如平时和学生、同事合作发表论文，五六个作者，我一般署名最后一个。还如我领导团队获得了一个“湖南省自然科学创新群体”，学校根据计算有岗位津贴48534元，作为带头人，我只象征性地拿了2134元。正因为这样，我才能在团队成员中具有亲和力和号召力，进而将一群个性十足的博士、教授紧紧地团结起来，朝着共同的目标携手共进。

综上所述，可以简单归纳为：在已有条件下，用独到的眼光发掘和招收具备一定科研潜力的学生，但不要太多，每年只带一个到两个，像父母爱护孩子一样爱护他们、包容他们、引导他们，同时运用一些切实可行的方法，并且为学生的成长打造一个高水平、具有凝聚力的团队，那么，我们就可以培养出更多优秀的研究生出来。

由兴趣到使命感的形成

西北师范大学　赵逵夫

赵逵夫，1942 年生，甘肃西和人。教授，博士生导师，讲授"中国古代文学"、"楚辞研究"、"《庄子》研究"、"体育古文"等。曾任西北师大文学院院长兼古籍整理研究所所长、中文系主任、甘肃省先秦文学与文化研究中心主任等。曾担任校学术委员会委员，校学术委员会副主任，甘肃省学位委员会副主任等。《文学遗产》编委，《中国古代近代文学研究》委员会委员。曾担任国家社科基金学科评议组成员。被评为全国先进工作者、国家级教学名师。被提名为"全国教书育人楷模候选人"，事迹在《人民日报》、《光明日报》、《中国教育报》上加以宣传介绍。获曾宪梓教育基金教师奖二等奖。在《中国社会科学》、《文史》、《文学评论》等刊物发表论文 360 余篇，出版专著《屈原与他的时代》、《古典文献论丛》、《屈骚探幽》；主编《先秦文学编年史》、《先秦文论全编要诠》、《历代赋评注》等。

摘要:

引起和激发学生学习兴趣应该贯穿古代文学教学活动始终,古代文学教学中的学风培养一是继承,二是守正,三要创新。

一、应该贯穿教学活动始终的一个观念

——关于引起和激发学生学习兴趣的问题

作为高校教师,其主要任务自然是传授知识,培养专业基础深厚、有创造精神的学生。但"传授"、"培养"似乎只是教师的行为,学生是被动的。但教学工作应包括教和使学生有效地学这两个方面。为了提高教学质量,自然要讲究教学技能与方法,从认真研究教材,注意内容的安排与新知识的补充,一学期中的教学步骤,每节课教学活动的组织,直至板书等。但是,我认为教学中有一点是很重要的,这就是:必须引起学生对学习的兴趣。作为一名授课教师,要让学生对你上的课感兴趣,对这个专业产生兴趣。无论是理、工、农、医,还是文、史、哲、经,莫不如此。有了兴趣,对相关的知识才会有迫切的要求,才会有学习的主动性。《论语·述而》中说:"不愤不启,不悱不发。举一隅不以三隅反,则不复也。"这是说,不到学生想弄明白而弄不明白的时候,不强行开导他;不到学生急于要说出来却无法表达的情况下,不急于启发他。物有四隅,为学生讲了其中一隅之特征而他不去推知同类另外三隅的特征,不必重复给他讲。孔子这几句话是几十年教学经验的总结,是有心理学的依据的。一个人没有迫切的求知欲,你为他灌输,他不一定能接受;即使接受,也不会启动自己的思维作进一步思考。而长期的填鸭式教学,往往会引起学生的逆反心理,会影响学生的心智。

但是如果只考虑到这一层道理,对尚缺乏学习积极性的学生放弃教育,也不是孔子的本意。因为孔子同时说:"学而不厌,诲人不倦。"(《述而》)整个教学工作是以培养学生的学习兴趣为前提的。桓谭《新论》中说:"孔子以四科取士,随其所喜。"(《意林》卷三引)还有孔子的"因材施教",这些都体现着对受教育者兴趣的重视这一点。我们从一本《论语》即可以看出,孔子是以他

的博学、深思、善于启发和他的人格魅力吸引着学生的。

所以，我认为作为一名从事中国古代文学教学的教师，首先要在自己的言行方面让学生佩服、崇敬，同时让学生看到在中国古代文学滋养下教师在思考问题、讲话、写文章等方面表现出的思想深度与分析问题时切近人情、切近社会的动人之处，受到教师对中国古代文学的熟悉和喜爱的感染作用。其次，要上好每一堂课。每一堂课都要让学生有收获，学得好，觉得是一次文化盛宴，是一种享受。我曾经问过一些本科生，为什么报考中文系，有相当一些是说由于中学的某位老师语文讲得好，所以就爱上了语文；有的说是受了家族中某人的影响；有的说是读了谁的诗还是什么小说，喜欢上了文学。我也问过一些报考研究生的学生，为什么报考了中国古代文学，以至于选择了先秦两汉方向、元明清方向等，大部分说是由于某老师的课讲得好，爱上了中国古代文学中的某一段。

我们当教师的也可能有这个体会，上大学的时候，即使讲得最好的老师，我们也未必记得他讲的多少内容，但却因为他讲得好而使我们喜欢上了这门课，读了不少相关的书。就我来说，父亲和大哥都当过教师，我小的时候父亲也常写诗、读古书、给别人写字。因为家庭成分不好，二十世纪六十年代初准备考大学时，父亲让我考医学院，他说："你学别的，人家说你错，或说你学的没处用，那你就错，就没用处。只有看病这一行，绝对假不过去，可以消除一切成见。"但我却已经喜欢上文学了。上小学和初中时先读《精忠说岳》、《今古奇观》之类白话小说，后来读《聊斋志异》。一次家里常来的一位老邻居说："年轻人不如看《古文观止》好些。"我就读《古文观止》。初中时正值"大跃进"，上面号召写诗，我就自己办油印的文艺小报。高中时成立了一个"海涛"诗刊编辑部，任主编。高中毕业时，除能背一些古文外，余冠英的《诗经选》、陆侃如等先生的《楚辞选》中的作品全都能背诵。这时候叫我放弃学习文学，感情上割舍不了。这就像谈恋爱一样，心里头爱上了这一个，哪怕将来会受多大苦也情愿；和另一个不喜欢的一起生活，即使享不完荣华富贵，也不高兴。"情人眼中出西施"，学专业也有这个问题。有的人穷一生之精力致力于某一学科的发展，这自然是有很强的事业心。但事业心源于兴趣。

如果当老师的也不喜欢这个专业，仅仅看作职业而上课，却要让学生喜欢这个专业，是不可能的。这不是你说这门课有多有意思、多么重要就能解决问题的。老师的态度已从很多无声的语言中表现出来它究竟有没有意思,重要不重要。

古代文学课有古代文学课的特点。除按一般的教学规律、教学技能作好教学计划、组织好教学之外,还应该注意以下几个方面。

第一,因为古代文学是研究作品的,其牵扯的时段又很长,带有“史”的性质。就每一个学生来说,读的书肯定不多,但学生读书的范围很不一致,六七十个学生所读作品和相关书加起来,可能范围就很宽。他们会问到各方面的问题,所以老师要多读书、多读作品,要有较宽的知识面。专业基础深厚,讲课驾轻就熟,各种材料运用自如,举例信手拈来,分析作品鞭辟入里,一些复杂的问题,往往能一语破的,引人深思,学生自然会喜欢上这门课。有人说“讲课是一门艺术”,要让学生在你轻松而有效的讲授中学到知识,并对这门课产生兴趣。说到古代文学课,应该使学生对古代文学的发展线索和各个阶段、各种流派的代表作家、代表作品有一个清晰的了解,并选出重要的、具有代表性的作品加以示范性讲解。论述则条理清晰,分析则有理有据,总结归纳则简明扼要,既让人感到优秀古代文学作品的无穷魅力,又让人感到研究古代文学作品的无穷趣味,学生自然会爱上这门课。

第二,不能只把古代文学作品作为古人随意留下来的作品,好像只是因为古代留下来这些东西,我们为了继承它才学习,那是不够的。不同的作品教学中自然要讲作品的艺术成就,从构思、布局到语言、修辞,但不能只是程式化地千篇一律地做这样的论述。要讲出其中所体现的情,人物的思想感情,还有作者倾注其中的思想感情。要让学生从古代文学作品中听到数百年前、数千年前古人的心声。关于古人的生活、生产、衣食住行,除文字记载,还有古代留下来的绘画作品,可以让我们了解到一个大概,而古人的情感,他们在不同生活遭遇下的内心表白,只有通过古代文学作品来了解。只有让古人的情与学生的心沟通,才能缩小时代距离感、语言距离感。教师要在这方面下功夫。

第三,要揭示作品的历史意义,也要善于找古代文学作品同今天现实间的契合点。比如《尚书》,这是我国最古的一部文献,大部分文字读起来距离感很强。但如能从古今社会一些共同性的方面提点一下,就会马上让人感到反映社会的深刻性,从而受到感染作用。如《无逸》篇一开头周公就说:

乌虖!君子,所其无逸。先知稼穑之艰难,乃逸,则知小人之依(隐)。相小人,厥父母勤劳稼穑,厥子乃不知稼穑之艰难,乃逸,乃谚(自以为是),既(曁)诞(欺骗)。否则侮厥父母,曰:"昔之人无闻知。"

文中说的"小人"指缺乏文化教养的人,说他们中有因为对子女缺乏教育,一直游手好闲,说大话招摇撞骗,还说他们的父母:"这些老年人什么也不懂!"这样的青年不是在当今也很常见吗?我们如果在讲明了字句之后,联系现实中此类事情说一说,同学们就可以根据自己的阅历见闻而去理解这段文字,并体会周公对年幼的成王讲这番道理的深切用心。《无逸》第二段讲殷代中期中宗祖乙以诚信治民,谨慎小心("自度治民,祗惧"),"弗敢荒宁",所以享国七十五年;高宗武丁久劳于外,和一些劳动者多有接触("旧劳于外,爰曁小人"),即位后心怀诚信,不轻言,言则谦恭和悦,("乃或亮阴,三年不言。其惟不言,言乃雍。")享国五十九年;祖乙不愿其父废其兄祖庚而立己,逃于民间,久为小民,及其即位,深知下民的忧患,能爱护并施恩惠于下民,不敢欺侮鳏寡孤独之弱小百姓("作其即位,爰知小人之依,能保惠于庶民,不敢侮鳏寡。"),所以祖甲享国三十三年。而自此之后的国君,因为生下来都享受着安逸的生活,没有听说过下层劳动人民的生活,只知道追求享乐,所以没有能长寿的,其享国有的十年,有的七八年,有的五六年,有的三四年("自时厥后立王,生则逸,生则逸,不知稼穑之艰难,不闻小人之劳,惟湛乐之从。自时厥后,亦罔或克寿。或十年,或七八年,或五六年,或三四年。")。下面又说周朝建国前太王、王季尤其是文王兢兢业业,勤于政事,关怀下民的事。如仅限于疏通文字,好像只是学习了一段艰涩的古文,但如简单概括地提一下汉、唐、明、清这几个大的朝代国君与国家兴亡治乱的关系,就可以让学生想到周公言语的深刻意义,想到周公在西周初年要归政成王时的深深的担心。我们就不仅认识到这篇文章它的不平常的历史价值和永久的现实意义,也会认识到周公旦作为一位 3000 多年前思想家的不平凡。学习古代文学而引动了学生思考,激起了学生的情感反应,使学生对作品中各段、各句的思想内容进行品味,从而激发学生同 3000 多年前人的情感沟通,自然也就使学生难以忘记这篇作品中的一些话语,不自觉地对古代文学作品产生一种喜爱之情。一般作品选常选的《尚书》中的《盘庚》、《秦誓》等,同样充满了感情,让人可以看到两三千年前卓越的政治家的思想情怀和不朽的哲理性。

再如《三国演义》、《水浒传》是古代小说名著,很多学者为之倾注过大量心血、出版过不少专著,发表过大量论文。无论哪一个学校的古代文学课,没有不讲这两部作品的。我以为讲课同学者研究一些学术性问题并不完全一样。学术研究可以着眼于一些很偏但又很关键的前沿性问题,讲课则要把一些基本知识告诉学生,还要让学生认识到作品对我们来说有什么意义。《三国演义》中的刘备、关羽、张飞都是没有多少文化的,刘备是贩履织席的,关羽是因杀人亡命、外地推车以力谋食的,张飞是卖酒屠猪的。而后来竟至三分天下而有其一,有两点值得注意:一是三人精诚合作。二是尊重知识:后来他们请诸葛亮筹划军机并言听计从。蜀国之衰败也很值得思考:三人身上的缺点未能改正,终究造成蜀国的迅速衰败:关羽的自负与骄傲,张飞待属下士兵的粗暴,刘备的过于注重个人情感而不顾大局。这些都是具有永久的教育意义的,应该点到,而不能在谈思想内容时只是讲正统问题、政治斗争和军事斗争对我们的启迪以及人物性格之类。讲《西游记》,分析唐僧、孙悟空、猪八戒、沙僧这四个人的性格者,多分析全书情节,却忽略了一点:唐僧没有一点抵御妖怪的能力,也由于没有火眼金睛被妖怪所蒙蔽,但他的取经信念最强,如果没有他,取到真经是不可能的。这四个人的组合,加上白马的默默无闻、长途跋涉,才完成了取经之事。这也是有着普遍启发意义的一点。

当然,文学作品毕竟是艺术,以艺术感染力吸引读者。教师首先要有较高的艺术鉴赏力,要有开阔的艺术视野。中国古代文学课包括《文学史》与《作品选》两部分内容,大部分学校是一门课,相关两部教材配合使用,穿插进行,也有的学校是作为两门课。无论怎样,《作品选》中所选作品,不可能全部讲完,只能选讲一部分,甚至一小部分,其他的让学生自己去读。至于文学史中提到的,数量更多,这些都要学生找别的注本去读。只有教师讲得精彩,才能激发学生进一步了解的欲望。这"精彩"除了艺术上的分析之外,三言两语中给人的启发提示也很重要。大段的照本宣科讲现实意义学生不一定能记得住,而联系人生经验的一句两句则往往能给人留下深刻的印象。

大学所有的课程都有一个由课内带动课外的问题,要形成课内、课外的互动。从课内带动课外的方面说,我认为有两点应该注意:

(1)一定要给学生布置必读书和参考书。中国古代文学包括的内容相当多,只靠课堂上所讲,想对中国古代文学有全面、深入地了解,还差得很远。即使集中对其中某一个历史阶段或某一作家、某一流派有深入了解、研究,也要另外读不少相关的作品和研究性著作。但让学生自己去摸索，不得其门而入，不知道该读什么书好，或许会走很多弯路，影响学生的学习兴趣，难以使学生的兴趣保持下去，并不断增长学习兴趣。

(2)可以指导学生组织课外读书会、朗诵会、讨论会和专题研究活动等。二十世纪八十年代初，我曾组织中文系八五届部分学生成立了一个甘肃古代作家研究小组，发动学生搜集甘肃地方作家资料，引起学生的很大兴趣。九十年代初，在中文系组织古典诗词朗诵会，分班举行，从各班的朗诵比赛中选拔突出的学生，进行全系的朗诵会，一年一次。2000年文学院（包括中文、文秘、新闻、历史专业）成立后，变为全院每年一次的大型活动，由院学生会、院团委组织，古代文学老师指导，也曾邀请省广播电台的播音员来指导。后来这一活动变为西北师范大学每年一次的全校性"丁香花开诗词朗诵会"，定于每年丁香花盛开之时举行，延续至今。因为文学院承担着全校"大学语文"的课程，大学语文不仅是提高大学本科生的语文水平，也是素质教育的一种重要手段，可以增强学生的人文素养。无论文科、理科，学生通过诵读古代、近代优秀古典诗词，受到传统文化、民族精神的教育，从林则徐、魏源、张维屏、张际亮、贝青乔、谭嗣同、秋瑾等人之诗，可以增强爱国感情。

从与古代文学相关的"大学语文"教学方面，我觉得也有很多工作可做。2007年我以两年之力编成一部《体育古文》，在我校体育学院"传统体育"专业学中使用，受到学生的欢迎，对于提高体育专业传统文化素养、增强对中国古代体育活动、体育发展水平和体育道德的认识，都有很大好处。

培养学生对某一门课的学习兴趣或专业学习兴趣，既不是一个教学环节，也不是一种教学技能，它是整个教学活动过程中应有的一种意识，这个意识应从头到尾贯穿于本科教学活动之中。

二、继承、守正与创新

——论古代文学教学中的学风培养

各门课程有各门课程的特点。喜欢上了数学，就喜欢推导定义、定理、公理，试解各种难题；喜欢上了理化，就热衷于做实验；喜欢上了历史，就热衷于搜集史料等。喜欢上了文学，首先是爱读文学作品。作品是文学研究的对象，又是相关作品与作家活动的背景,因为无论作家、作品,总要放到当时文学发展的大背景中去研究,所以对同时的其他重要作品、重要作家不能不有所了解。通过同时的作品增加对其社会习俗、文化状况以至其政治、经济等方面的问题深入了解。研究古代神话的人不读《山海经》、《淮南子》,研究《诗经》的人不通读《诗经》,研究诸子的人不通读诸子之书,然而论文一篇连一篇发表,专著一本接一本出,而其中一些基本的事实也没有弄清楚,一时炒得十分热闹,到头来不过是些重复劳动,甚至造成文化垃圾。近一二十年中由于很多大学的扩招,学生人数大大增加,而图书馆建设并无大的变化,学生借书难,所以中文系学生读作品的数量大大减少,诗、词、散文和短篇小说只限于教材的范围,长篇小说、戏曲作品完整读过的很少。加上最后一年忙于求职,忙于复习考公务员等,有的连教材当中选入的也只读很少的一部分;考研复习也把精力放在复习文学史教材上。这样的学生怎能做到创造性研究?硕士、博士学习阶段同样忙于找角度写论文,读作品少,读经典理论著作少,这是近些年文学研究领域风气浮躁的原因之一。所以我以为在古代文学教学中,在研究性著作与作品之间,要多读作品;在教材与其他选本、注本之间,要鼓励学生多接触一些好的选本、注本,使学生的阅读范围突破教材的圈子,变为开放的、可以无限延伸的世界。

那么,本科生教学中要不要体现创新精神?要不要培养学生的创新精神?答案是肯定的,但首先要养成脚踏实地的作风。研究文学要读作品,读古代作品要重视旧注,尤其是那些距作者时代较近、年代较早的注本和集大成注本,不能想当然地随意作解。即使倾心于文艺理论、文艺美学的,也要读作品,不能只在各家之说中钻空子,把人家的东西东抄西拼、挨个标签、突发异想,提出奇谈怪论甚至伪命题自发空论。研究语言的,除掌握基本理论之外,也要广泛接触语料来源文献。总的来说,要全面了解研究对象,不能架空里说,要重视第一手材料,不能就别人所引,见树不见林,而大加发挥。要使“创新”和“求真”、“求善”结合起来。人文学科毕竟同自然科学不同,同法律、经济等社会科学也有所不同,而认识探索古代文化,一则是要认识其本来的面貌,二则看有哪些可以作为今日及将来建设新文化的借鉴。有些今日难以明了,必须依据当时人的论著,距其时代较近人的注释本来破解这些疑难问题。如果随心所欲,想当然地作解,难免出错。教师讲授中要体现一种严谨的学风,科学的精神。古代文学研究领域奇谈怪论很多。三十年以前，杭州大学郭在贻教授给我的一封信中说："有人提出'女媭'为屈原之母，其'根据'是《北齐书》中曾有称母亲为姐姐的记载。此种怪说，殊堪喷饭，而其以南北朝时代的语言材料论证战国时代楚人的作品，则尤为荒谬也。而上海所出的《报刊文摘》竟作为重大发明加以摘引报道，中国人之不学，殊可惊也。"（见中华书局出版《郭在贻文集》第四卷）为什么郭在贻先生对此特别感叹呢？因《楚辞》与《北齐书》一属战国之时的南楚，一属南北朝时的北朝，一则时代相去太远，时间上前后相差800多年，二则地域上差距较大，三则北齐多鲜卑之风，民族风气上无共同之处。四则《楚辞》王逸注言"女媭，屈原姊也。"虽然"姊"即今之姐姐，但从词形说"姊"与"姐"是两个词；称母亲为"姐姐"，并不是称"女媭"为姐姐。所以这个论证根本就不能成立。当时竟有人作为重大发现加以宣传。另外有一本书中说，《离骚》开头说的"'名余曰正则兮，字余曰灵均'，'灵'即'巫'，'巫'当是'灵均'的姓。'灵'当为氏。""'灵均'则是'巫均'，……后人误将'巫'误抄为'正'，'正则'实为'巫则'，'巫则'就是'灵均'本来的大名，是一位从天而降的神巫灵。"说作者屈原借助先秦时代"巫""灵"下降的吉祥日"庚寅"为《离骚》主人公"巫则""灵均"下降的日子。又说"《离骚》主人公'巫则''灵均'当属觋神之类……'女媭'、'灵氛''巫咸'是他的精神支柱。"又说"'女媭'当是巫术高明的'女巫'，扮作'觋'的特殊称谓，她与《离骚》作者没有瓜葛，更不是屈原的亲属和亲人。"书中还有些奇谈怪论，引不胜引。完全是随口胡说，连最起码的学术研究的规则也不懂。在《楚辞》研究、《诗经》研究及诸子、史传、诗赋研究领域中，这类现象不少，只是没有这么典型和集中而已。十年前偶尔看到某报上将"《橘颂》为屈原的绝笔"以及"《诗经》为尹吉甫一人所著"的观点大加宣扬，看作学术上的重大发现。如果教学中老师也轻易将一些不成熟的看法介绍给学生，无形中会影响到学生学习中的关注点选择，从而影响到精力的支配与学风，造成对学生的误导，使学生以为只要提出没有人提过的观点，就是创新。

所以，老师讲课应该同搞科研一样，保持严谨的作风。课堂气氛应该活跃，师生互动也要自然，但是，教师所讲观点应是学界公认的；如果是新观点，也应该是证据充分，为大部分学者所认同。教材上的如没有问题，应遵循教材，其他有价值的看法也可以加以介绍，而绝不能哗众取宠地随意讲一些没有意义的东西。学生如果提到一些缺乏科学依据的观点，也应讲出道理，说明其不能成立、不应当接受的原因。要在教学的各个环节、各个方面，不露痕迹地、很自然地给学生以端正学风的教育，就像老师讲课中随口引述、念诵古代诗文名句、古代文献的例证一样，让学生感到博学熟记所体现的学者风貌，从而向扎实地打好古代文学基础方向努力。

我并不是说教学中不体现学术的创新，不引导学生向创新学术的方面发展，我只是说本科生正在打基础的阶段，学术创新应该同强调扎实读书、培养求实的学风结合起来。

事实上，只从阅读、铨解的方面说，古代、近代一些人的注释评说中，确实有许多不正确、有待后人订正、补充的地方。比如《楚辞·离骚》“余虽修姱以鞿羁兮，謇朝谇而夕替。”王逸解释说：“言虽有绝远之智，姱好之姿，然已为馋人所鞿羁而系累矣，故朝谏謇謇于君，夕暮而身废替也。”二十世纪五十年代以来影响较大的几种注本大体都按王逸之注作解，有的大学教材也同王逸注。王念孙《读书杂志》中列出几条证据，说明先秦典籍中“唯”字借作“虽”。这是完全正确的。但王念孙解释上句说：“言余唯有此修姱之行以致为人所系累也”，仍未摆脱王逸注误说的影响。因为这个“唯”字关下“修姱”与“鞿羁”两层意思，“以”的作用同于“而”，为连词。这里屈原的意思是：我只是因为有此修姱之行，又不放纵胡为，故早上犯言直谏，晚上即遭贬斥。王逸为东汉人，去屈原时代毕竟只有四五百年，其注吸取了汉代各家关于《楚辞》的注解，他所据各书都已散佚不存。王逸又是楚故都宜城人，他的注是释读《楚辞》最重要的依据；王念孙是清代著名的朴学大师，他的《读书杂志》等书中精见叠出，论一事往往证据丛集，几不可移易，但也难免有值得商榷之处。则其他书就更不用说了。

所以我说，我们在教学中还是要注意引导学生的探索、创新精神，只是要同严谨、求实的作风结合起来。代数、几何、物理等自然学科有定义、定理、公理，人文学科没有这些，不等于人文学科可以完全凭借主观想象胡说，它也有些必须要遵循的原则。要把中国古代文学学好，除了能认真读作品这一点之外，还要打好以下三个方面的基础：

（1）文学理论、文艺美学、心理学的基础；

（2）文字、音韵、训诂与文献学基础；

(3)古代史与古代文化方面的基础,包括历史、民俗、官制、历史地理等在内。

没有这三个方面的基础,不但难以解决问题,也难以发现问题。这三方面的知识如鼎的三条腿,支撑着一个鼎身——中国古代文学研究。

我们要培养学生的创新精神,是要培养其发现问题、解决问题的能力,要给他们指出怎样才能做到容易发现问题和具有解决问题的能力,例如医学的教学,如何才能准确诊断出病人的病情,如何才能做到对任何一种病都能很快提出治疗方案,并且实施之后有好的疗效,而不是单方面鼓励学生大胆设想、敢于提出任何结论。我认为本科生教学中首先应强调扎实读书,读作品,读相关研究性著作和相关基本理论著作,以使自己手里多几把打开学术奥秘之门的钥匙,多几种解决问题的工具。

我自己的一些研究,也是在长期读书、积累的基础上完成的。比如前面提到的屈原《橘颂》的作品时,大部分学者认为其情调轻快,其形式也与《九章》中其他篇不同,应是青年时代的作品,也有认为是中年或老年时期作品,甚至有主张是屈原的绝笔者。屈原已死两千多年,无法起诗人于江海之中而问之,更给一些学者的"学术创新"留下了很大的空间。似乎这个问题再无法解决了。二十世纪九十年代初,我读《仪礼》时发现《士冠礼》篇所载八首冠词,在形式上同《橘颂》一样,都是四言,内容也都谈到"德"("以成厥德"、"秉德无私"),内容也都侧重要美其德行、增其内秀等,有的词语同《橘颂》大体一样,如"弃尔幼志,顺尔成德"等。看来,《橘颂》是屈原在二十岁行冠礼时所作,表现了他青年时代的志向。古代冠词也称为"颂",《孔子家语》中有一篇即名《冠颂》,而且其中有一句"去王幼志"也同《橘颂》中的"嗟尔幼志,有以异兮"相近,都是说从此要去掉未成人时的一些想法,树立大志。那么屈原的为什么借橘树来抒发情感呢?因为楚地云梦之橘在战国之时很有名,《战国策·赵策二》记苏秦合纵说赵王说:"大王诚能听臣,燕必致毡、裘、狗、马之地,齐必致海隅鱼盐之地,楚必致橘柚云梦之地……",则云梦之橘是楚国丰饶土地的象征,故屈原用以自喻。所以,我以为定《橘颂》为屈原二十岁时之作,不但究竟作于屈原生平哪一阶段的问题得以解决,作于哪一年也可以确定。但如果不是读了《仪礼》、《孔子家语》,这个问题就无法解决。所以,我一直主张本科生教学中要引导学生多读书,在读书中思考问题。

当然不是所有的问题都得借助其他材料，有些就是要从文本看问题，依据文本的结构、上下文的文意、用词等来寻求答案。近二十年古代文学鉴赏文章很流行。教师讲课中可能也会参考一些学者的鉴赏文章。但有些鉴赏文章见到什么就说什么好，用一些漂亮的词语，给读者一个朦胧的美的印象，却与原文文意并不相合，或者与当时背景、抒情主人公处境不合，或者难以落实到字句上。这种情况在诗词的鉴赏中较多。因为诗词受到格律的限制，常有字词省略、紧缩、倒装等现象，抒情论事又常不直接说，而用比兴手法，所以理解上往往分歧很大。我曾选了唐代词中人们最熟悉的传为李白的《菩萨蛮·平林漠漠烟如织》和宋词中最为脍炙人口的苏轼的《念奴娇·赤壁怀古》，各写了一篇小文，举例性地谈了点自己的看法。

《菩萨蛮》中"寒山一带伤心碧"，有的教材只注"伤心碧"为"一片使人伤心的碧绿色"。"一带"没有注，自然是以今意理解为"寒山附近"。但"寒山"并非山名，只是由于作者心境的原因感到它引起人寒凉之意而已。所以，这"寒山一带"实是说远处清冷的山脉连绵如一条带子横亘于天际。"伤心碧"也不是说使人伤心的碧绿色，而是说绿极了。"伤心"在这里相当于一些地方口语中的"要命"。杜甫《滕王亭子二首》之一："春日莺啼修竹里，仙家犬吠白云间。清江锦石伤心丽，嫩蕊浓花满目斑。"写春日清丽美景，没有一点伤心之意，则"伤心丽"是十分美丽的意思。据何满子先生说："现在四川还盛行着这一语汇。人们常常可以听到'好得伤心'或'甜得伤心'之类的话。"

"玉阶空伫立，宿鸟归飞急"则学者们在句意和所指究竟为何的上面都有分歧。有些注本对上一句不加注，那么，这一句按字面是说玉阶（石台阶）徒然立在那里。但实际上是说人在玉阶上没事地立着。然而，这个人究竟是作者，还是别人，学者们的看法又有分歧。如上面提到的那本教材中说："上句写所想（遥想家中爱人期待的失望心情），下句写所见。"我以为这样解释过于随意：上阕全是写诗人自己所见及诗人在楼上黄昏远眺时的情景，上下阕之间未见表现主体转换之语，则理解为家中人显然欠妥。"玉阶空伫立"是说诗人下楼中因忧心忡忡，思绪不定，无事而久久不动，在台阶上又停下来。下面"宿鸟归飞急"是说站了很久，直至黄昏。"何处是归程，长亭更短亭"是诗人忧愁之所在：回家的路途很远。因为曾在楼上远望，所以这里想到"长亭更短亭"。实际上是远望中想到了家乡，但当时只看到大片树林与远山，挡住了视线。所以,全词是抒发羁旅在外之人思家之情的。

另外,还有些学者认为此词是闺情词,作品的抒情主人公是闺妇,表现的是思念在外之人的心绪。这也是说不通的,因为“何处是归程,长亭更短亭”明显是在外之人的口吻,如果是在家中者的语气,则归程的终点即自身所在,怎么能问“何处是归程”?

还有的学者认为上阕前两句是诗人所见,下阕后两句是诗人所思,而当中四句是悬想家中之人。这些解释都过于随意。如果这样解释一首诗、一首词,则每首诗、每首词都会提出七八种、十来种解释,大家都借古代文学做学术创新,古代文学作品会被搞得一塌糊涂。我关于苏轼《念奴娇·赤壁怀古》的小文在我的论文集《古典文献论丛》中,可以参看。两文都是在给本科生讲课的当中产生的。另外,我也写过《读书与研究》、《会通与突破》、《实证与理论》几篇小文(分别刊《文史知识》1994 年第 12 期,《古典文学知识》1994 年第 6 期,2003 年第 4 期),都是专门为青年学生写的,也体现着我对有关问题的看法,大家如感兴趣,可以参看。

一个人从喜爱某一专业到不断扩大这方面的知识,到深入研究一些问题,如果养成了良好的学风,他肯定也就认识到了这个专业研究的意义,从而产生一种使命感。比如中国古代文学,大量的优秀作品不仅反映古代的社会生活,也是先民的心灵史,体现着中华民族的民族精神。我们有责任正确地介绍给广大人民群众,介绍给后代。中国古代文学的辉煌成就也增强了民族自豪感。总之,我认为本科教学中应该注意培养学生思考能力、辨别能力和培养起解决问题的方法,但首先要引导其认真地阅读作品,并重视前人研究成果,同时不断增强研究能力,以便养成脚踏实地、用科学手段分析问题、解决问题。要将学风教育同增强其创新意识结合起来,无论干什么事情,都有社会责任感。

当一个受学生欢迎的好教师

——与高校青年教师交流

西南财经大学　庞　皓

庞皓，1943 年生，教授，博士生导师，国家级教学名师，现任西南财经大学学术委员会主任。曾任西南财经大学学位委员会主席、西南财经大学副校长。曾担任教育部第一届经济学学科教学指导委员会副主任、教育部大学生文化素质教育指导委员会委员、全国统计教材编审委员会副主任等。被中国人民银行授予"有突出贡献的中青年专家"，获国务院颁发的政府特殊津贴，被评为"四川省学术与技术带头人"，获教育部第二届国家级教学名师奖，数量经济学国家级教学团队负责人。主要研究领域为中国宏观经济统计及数量分析，主持完成了国家社科基金课题 3 项、国家社科基金重点课题 12 项、参与主研了国家自然科学基金项目 2 项。在《经济研究》、《统计研究》、《数量经济技术经济研究》、《经济学家》等刊物发表论文 60 余篇，出版学术专著 4 本，主编教材与教学辅导书 12 本。其研究成果获得省部级以上优秀科研成果奖 10 项。在《中国高等教育》、《统计研究》、《统计教育》等刊物发表教学改革研究论文 8 篇。获得国家级教学成果一等奖。国家级精品课程《计量经济学》主要策划者和建设者，主持形成的教学成果“计量经济学课程着力培养学生创新意识和实证分析能力的综合改革与实践”获得四川省教学成果一等奖和国家级教学成果二等奖。主编《计量经济学》本科教材被评选为普通高等教育“十一五”和“十二五”国家级规划教材，并被评为全国优秀统计教材，为近百所大学采用。

摘要:

想当一位受学生欢迎的好教师,就要把教师作为一个为之奋斗的事业,而不只是作为一种谋生的职业,从内心热爱并十分珍惜教师这个事业;要有清晰的事业发展目标;要在教学上精益求精,不断追求完美;对学生要有满腔热情,要敢于严格要求,有高度的责任心;年轻教师要有一定的社会积淀和相对稳定的研究方向,要多主动争取老教师的帮助;要树立正确的得失观,当教师"有所得必有所失"。

现在一批批的年青人有幸成为了高校教师,或者有志于成为高校教师,这是值得欢迎的事情。作为青年教师,有很多需要考虑的问题摆在面前,例如,怎样看待教师这个岗位?高校教师事业的发展目标是什么?怎样才能更快成长,在事业上有所作为?如何对待自己的学生?如何对待机遇、得失、荣誉和挫折?这些问题可以归结为"如何才能当一个受学生欢迎的好教师"。对这些问题很多教师都有自己的感受,这里只是结合国家级教学团队的经验和我们的一些感受,着重从经济管理学科教师的教学方面谈几点体会。

一、要把教师作为一个为之奋斗的事业,而不只是作为一种谋生的职业,从内心热爱并十分珍惜教师这个事业

当一名教师首先要热爱教育,要热爱教师这个事业。每个学校都有很多受到广大师生和社会崇敬的把终身奉献给教育事业的教师。为什么我们应该热爱并珍惜教师事业呢?

一是教师是极具挑战性的工作,是实现人生价值很好的途径。人的一辈子总要做几件自己认可的事情(至于别人是否认可,可以不去计较),实现人生价值的途径很多,教师特别是大学教师,是一个很好的选择。首先,国家发展的希望在教育,办好教育的基础在教师。教师工作具有挑战性,教师作为科学和文化的创造者,在教学与科研上总有永远攀登不完的"高山",有无穷的

宝藏可以去挖掘。大学教师不仅是知识的传播者,也是新知识的创造者,时刻都要面对新的东西,并且有可能接触到某个学科领域的前沿。其次,教师岗位使人始终不敢懈怠。教师一年到头总有做不完的事情,总有一股无形的力量逼着你往前走,总有层出不穷的新东西等待你去学习和探索,经常会感到处于一种"欲罢不能"之中。而且,只要真正付出努力就可能取得成果有所作为。只要能够在学科发展和科研中取得一定成果,就能得到社会的承认,只要认真教好自己的学生,为学生的成才付出努力,就是对社会重要的贡献。

二是大学教师有很大的自由度,有很好的自由发展的活动空间和创新的"生态环境"。除了上课及与学生交流以外,专职教师还有不少可以自己支配的时间,而且还有寒暑假。教师可以去做很多自己喜欢做的事情,可以自主选择感兴趣的研究领域和课题,可以站在更为客观的学术研究的角度去观察社会与分析客观世界。大学教师的这种自由发展的空间所受到的束缚比较少,这特别有利于创新,有利于产生新的思想和观点,也更有利于发挥自己的聪明才智。这是在"长官意志"至上的行政机关和公司企业很难有的一种"生态环境",这也许正是为什么很多创新性成果都出自大学教师的原因所在吧!我们应当看重教师这样的环境和条件。作为一名普通教师有更多的"可支配时间",能够集中精力多看书,多承担研究课题。"可支配时间"其实也是一笔十分宝贵的财富。

三是教师工作有利于身心健康,有利于在精神上永葆青春与活力。教师天天面对的是青年学生,和他们的交流中会感到自己也变年轻了,可以忘掉一切烦恼。特别是给本科生上课时,经常使人感觉又回到了学生时代,在和他们交流讨论中感到自己也融入到了年轻人当中。青年学生很少有保守思想,能促使教师思考新的问题,从学生那里经常能获得创新的启示。因此,教师一上讲台面对学生,往往就特别兴奋,特别投入,也特别有激情。这一方面是为了吸引学生的注意力,同时也是受到了青年学生活力的感染。

四是教师能启人智慧、塑人灵魂,能为青年人一生的发展奠定基础,教师是个非常神圣、受人尊重的崇高岗位。我们哪一个不是老师培养出来的呢?现在无论走到哪里见到自己的学生,教师都会特别振奋,特别亲切,看到自己的学生事业有成,就特别有成就感。

现在的年轻教师有选择自己工作性质的机会,能够顺利走上教师岗位,这是很令人羡慕的。新走上教学岗位的老师们要十分珍惜教师这个事业,这是一个值得你去辛苦一生,会使你的人生充满希望的事业!

在这里我们总是刻意说教师是一种"事业",并没有说教师是个"职业",其实这是想强调对待教师岗位的一种心态和境界。全国人大常委会副委员长、民进中央主席严隽琪在"首届中国未来教育家成长论坛"上说:"教育家就是以做教师为事业而非谋职业的人,这样的教师才会有教育改革的激情、有深刻的思想、有奉献的爱心、有专业的学识、有道德的自律"。还有人进一步说"事业就是今天做了明天还想做;职业就是今天做了明天还得做"。把教师当成职业还是当作事业,境界不同,作法和结果也会有很大的区别。把教师只是作为"做了还得做"的职业,是被动的,自己也可能会恪尽职守,兢兢业业,但只是视为谋生的一种手段而已。而把教师作为"做了还想做"的事业,是主动的,一定会欲罢不能,诲人不倦,不图回报,无私奉献。也就是"职业"和"事业"或者"还想做"和"还得做"这一字之差,会使得自己对当教师的心态和境界有所不同,从而使得自己的工作状态和工作结果也大不相同!

二、高校教师要有清晰的事业发展目标

作为高校教师要有清晰的事业发展目标,要有自己的教育思想和教学理念,要有在教学、科研、教学改革和教学建设等方面作长期不懈努力的思想准备。

高校教师有很好的社会声誉,但是同时无论是学生、学校、还是社会,对高校教师也寄予了很大希望,提出了更高的要求。特别是青年教师要对自己今后的发展有一个清晰的目标。怎么样才能当好一名教师呢?也许有各种不同的答案。

受到社会各方面认可的好教师事业发展的具体目标究竟是什么呢?这可以联想到国家级教学名师的评选条件。现在国家对高校教师在教学方面的突出奖励是"国家级教学名师奖",教育部的文件强调:"评选国家级教学名师的目的是为了对那些长期在教学第一线教书育人,在教学改革、师资队伍建设上作出突出贡献的教师给予奖励,从而推动从整体上加强高等学校教师队伍的建设,从根本上提高高等学校的教学质量。"因此,对教学名师的要求是比较高的。第二届高等学校教学名师的申报和公示材料中,除了要求长期从教以

外,还包括了20多个方面,有"基本信息"、"主要学习、工作简历"、"学生评价","名师寄语"、"名师心得"、"名师名言"、"所属学科学校介绍"、"科研情况"、"代表性科研成果"、"目前承担的主要科研项目"、"代表性论文清单"、"主讲课程情况"、"同时承担的其他课程情况"、"其他教学环节"、"承担教学改革项目情况"、"教学内容更新或教学方法改革情况"、"教学手段研制开发与应用情况"、"选用教材或主要参考书情况"、"主要教学改革与研究论文著作及自编教材情况"、"教学获奖及成果推广应用情况"、"近期教学改革设想"、"对青年教师的培养情况"等二十几个项目。总的来说,一是要有从教学实践中总结出来的有特色的教育思想和教学理念,不是"人云亦云",要有自己在教学上的见解;二是要看是否长期从事科学研究,并且学术造诣高,有高水平的科研成果;三是要看是否长期担任本科教学任务、坚持讲授高质量的基础课程,在教学的各个方面都有所作为,教学效果是否得到学生的充分认可;四是要看是否努力从事主讲课程的教学改革和建设,取得有推广价值的突出的教学成果;五是要看是否指导和帮助中青年教师提高授课水平,在教师队伍建设中作出贡献。这几个方面都是评选的硬性条件,相互不能替代。这就好比是对高校教师的"十项全能"评价。这几个方面正好是对高水平的好教师的具体要求。一个教师要有通过教学实践形成的教育思想和教学理念。如果没有清晰的教育思想观念,就不明确在教学方面努力的方向和目标;如果不从事科学研究,就难有深厚的学术造诣,也很难成为高水平的高校教师;但是如果只是注重科研而忽视教学,没有受到学生认可的教学效果,甚至不能站稳讲台,就不是一个称职的教师;如果不在教学改革和教学建设上不懈努力,就会因循守旧,很难真正提高教学水平。在体育运动项目中"十项全能"比单项比赛难度更大,一个高校教师,要在教学、科研、教学改革和教学建设等方面都有建树也是很难的,所以要有作长期不懈努力的思想准备。在这些方面没有捷径可走,只能脚踏实地去努力实现,但也不能急功近利。

三、教师要受学生欢迎必须在教学上精益求精,不断追求完美

青年教师最首要的是要站稳讲台,要争取受到学生的欢迎。作为一名教

师要有所追求，在教学上要有“锲而不舍，不断追求完美”的精神。教师职业很崇高但也很平凡，教学的目标可以说是无止境的，教学的建设与改革是个无底洞，永远是“没有最好，只有更好”，为了上好每一堂课，教师无论花费多少时间和心血都不为过。教学是一门科学，有它自身的规律性；同时教学又是一门艺术，并不是什么人都能轻易做得很出色。我们在课堂上所讲授的知识可能是既有的，但要让每个学生都能很好掌握这些知识并不是一件简单的事情，这是一个再创新的过程，需要教师做出很大的贡献。这就如同一首好的歌曲是作曲家创作的，但不是每个人唱出来都很动听，而是需要优秀的歌唱家声情并茂的演唱才能真正打动观众。其实，要当好一个教师是很不容易的，培养一个好的教师更不容易！

那么，怎样才能教好一门课呢？每门课的特点不同，每个老师都有自己的体会。以下几方面是应当注意的：

一是青年教师既要上好基础课，又要有相对稳定的专业课方向。特别是现在的新教师都是博士，有很高的学历层次和学术水平，但作为教师千万不要忽视本科生的课程和专业基础课程，其实要上好本科生的课和专业基础课是很不容易的，这些课过去可能都学过或者都看过书，但是“看一遍不如听一遍，听一遍不如自己讲一遍”。基础课是学生学业的基础，有较好的基础课教学经历也是专业课教师长远发展的根基，新教师应先上好基础课，在这方面下点功夫，这对今后几十年的发展会很有好处。当然，作为教师特别是专业课教师，也不能只是上基础课，有的教师常年只上基础课，多年不接触学术前沿，不搞科研，这对青年教师的成长与发展是不利的。从可持续发展来看，应当鼓励中青年教师在上基础课的同时早一些承担研究生的教学任务，这可以促使他们尽快深入学术前沿。另一种偏向是有的青年教师只是考虑上课的工作量，在较短时间内同时上了好多门课，“打一枪换个地方”，始终没有明确自己的专业方向，不能集中精力形成个人的优势，结果效果并不好，这也是应该避免的。教育部提出了教授要给本科生上课的要求，这是很有道理的，老教师除了适当上点研究生课以外，反而应当更多地给本科生上一些基础性的课程。老教师有多年的教学经验，又有研究生教学的体会，会更加明白对本科生应该讲什么，应该怎么去讲。

二是教学过程是个再创新的过程，很需要在备课上多花些工夫。教师在讲台上一站，谁也帮不了你，只有靠自己。怎样才能讲好每一堂课呢？还是要在备课上多花工夫才行。在教学上，需要教师用一生的精力去精雕细刻，才可能达到较为理想的境界。教师要像艺术家即将向公众展示自己的作品那样去对待每一堂课，去精心策划、精心组织。一门课程无论上过多少遍，每次重新备课都总会有一些新的感受，都需要对教学内容和课件重新设计，每堂课都需要针对学生的实际再反复斟酌、不断完善。所以，教学并不是简单地重复已有的知识，而是一个不断地再创新的过程。教师要当好多重角色，在讲台上，教师既是编剧（对教学内容的安排取舍），又是导演（对教学方式的策划设计），还是演员（在课堂上对教学方案的具体实施）。备课就是在原作基础上去编写“剧本”，就是在策划教学方式，要用什么图形，什么实例，甚至用什么样的语言，在备课时就要有所考虑，对每一堂课都要精心策划，不断修改，不断完善，不断地吸收其他教材和其他老师的长处，不断地充实更为精彩的案例、图形和表现形式。所以，不主张一门课使用统一的课件，也不主张使用别人制作的课件去上课，因为你不一定能真正体会到别人对课堂教学设计的意图，使用别人的课件也难以体现出自己的特色和创新性。别人的课件可以参考，但实际使用的课件一定要自己去策划与设计。

三是讲课要力求深入浅出，要在“让别人懂”上下工夫。课堂教学的目标是要把学生讲懂，不是把学生讲“懵”。有的教师教学效果总是不理想，学生反映比较多，往往主要是没有处理好“自己懂”与“让别人懂”的关系。这二者绝不是一回事，“自己懂”相对容易，而要“让别人懂”需要花费更多工夫才行。教师讲课时经常要换位思考，不能只想着“我怎么理解这个问题”，而是要时刻想着“如果我是学生，我希望老师怎么去讲解这个问题”，要着重培养学生的思维方式。这些对上好每一堂课都是很重要的。作为大学教师，既要是学识渊博的学者，还要是出色的“演员”。同样上一门课，同样的教材，为什么有的教师教学效果很好，有的却不理想呢？往往并不是他的学识不够，而是对教学的组织策划不理想，或者对教学对象的把握不够，或者不善于表达，教学的方式不适应学生的要求，或者讲课中缺乏激情，不能吸引学生的注意力。这就如同戏剧，虽然剧本中的台词都是那么几句，但由不同的人说出来，感染力就不同，观众的感受也截然不同。这说明教师要讲好课很需要有一定的艺术性。怎样才能把一门课讲好呢？这就要看教师在教学实践中练就的基本功了。

要做到“让别人懂”，特别要注意以下几个方面：

(1)注意把握教学对象的特点。例如，很多学生认为计量经济学这门课程数学公式多，既枯燥又难学，就要了解学生所学专业对本课程的学习目的，了解学生的前期基础，把握学生的接受能力，在教学中主动适应学生学习的目标和要求。使学生感到有如量身定做，甚至感到会过瘾。这样的课堂教学效果是教师应该努力去追求的。

(2)只有“深入”才能“浅出”。教学中不能只是将知识灌输给学生了事，还应该使学生学得轻松，学得愉悦，学得扎实，甚至“上瘾”。教师要在吃透教学内容和灵活运用教学方法上多下工夫，对教学的内容要有深刻的研究和认识，才能抓住问题的本质，才能“游刃有余”，才能用最鲜活的语言使本来复杂的原理得到最简单明了的阐述，从而达到“深入浅出”。例如，在计量经济学的教学中，为了不使学生感到枯燥难学，我们尽量想办法去调动学生学习的兴趣，用实例作为引子，用生动的比喻去说明问题的本质，努力使他们感到并不难。在深刻把握教学内容本质的基础上，用大家身边熟悉的例子把复杂的问题形象化。教师要做个有心人，随时注意把所见、所闻与自己所讲的课程联系起来，经常会得到意想不到的启示。例如，对计量经济学中常用的“F 检验”和“T 检验”的关系，我们用拔河比赛这样生动贴切的比喻来解释；对区间估计的本质，用街头的套圈游戏去比喻；对工具变量的选择和作用，用电影中演员与替身的关系去比喻；对通过虚拟变量计量交互效应，用春游时见到的油菜花地旁养蜂的图像去说明。这样会使同学们豁然开朗，甚至一辈子都不会忘记。所以在教学的准备上，教师无论花费多少时间和精力都不为过。

(3)讲课中特别要忌讳把简单问题复杂化。有的教师讲课中总是喜欢把问题复杂化，甚至超越教学大纲的要求，加重了学生负担，效果也不一定好。其实，一个教师的本事并不表现在能把简单问题复杂化，而是要看能否抓住本质，把复杂问题简单化。

四是要重在讲清解决问题的思想和方法。教师只是教会学生具体的知识还很不够，重要的是培养学生的基础素质，要教会学生分析问题的思想和解决问题的方法，一些具体的知识往往容易过时，或是其价值很容易衰减，而认识问题、分析问题的思想和方法通常却是持久的。而且要在提炼思想中使学生获得学习的方法，启迪他们的智慧。例如，我们数量经济学教学团队做过一些探索,在经济管理各专业的计量经济学的教学中,我们特别强调“重思想、重方法、重应用”的理念。重思想:指注重问题提出的经济背景、解决问题的前提条件和基本思路,以及计量分析结果的经济学解读。重方法:指注重解决实际经济计量问题的工具。重应用:指通过计算机软件分析和解决实际经济问题的能力。为了培养学生的创新意识和实证分析的能力,坚持“课堂讲授、实验教学、课程论文三结合”的计量经济教学新方式。在这方面教学研究的总结“计量经济学课程着力培养学生创新意识和实证分析能力的综合改革与实践”,获得了国家级教学成果二等奖。

学生在大学应该怎么学习?在高等教育大众化的趋势下,大学本科教育其实是某个领域的基础素质教育,在本科不应过分看重具体的专业,学生毕业后究竟干什么还不知道呢!在学校尤其应该重视提高学生自主获取新知识的能力,因为只有这种能力才是可以使学生在离开学校后还能终生受益的最重要的基础素质。在教学中如何提高学生的基础素质,是很值得我们教师去不断探索、不断创新的。

四、教师对学生要有满腔热情,要敢于严格要求,有高度的责任心

热爱教师职业,就要热爱自己的学生,学生是我们教师的“上帝”。对学生的热爱不是迁就他们,而是要有高度的责任心。这种关爱不是抽象的而是很具体的,是学生能够感受到的。对学生的关爱主要体现在对教学的认真负责;对学生要敢于严格要求;面对自己的学生,教师必须是无私的;对学生一定要公平,不能以学生为敌,而是要“恨铁不成钢”。有的教师总是怕对学生要求严格了会影响学生对自己的“评教”,其实只要让学生感受到严格要求是对他们好,绝大多数学生对要求严格的教师是很尊敬的。对学生要真诚热情,更不能弄虚作假。对学生不能“发水”,不能随意“呼悠”,把课讲生动并不是要在课堂上“砍大山”,每一堂课都要有适当的、有价值的信息量。作为教师最害怕的是一堂课没有实在的内容,无话去找话说。如果上课中有价值的信息量比较少,当时听着很热闹,但“干货”不多,事后学生会感到没有多大收获,浪费了时间,虽然考试轻易能过关,结果学生反而不一定看得起你。作为教

师，要像热爱自己的弟妹或孩子一样去热爱学生。对自己的学生，教师只能讲奉献。有的教师总是强调所制作的教学课件是自己的“知识产权”，很不愿意提供给学生。而面对自己的学生，教师必须是无私的，教师应该生怕学生没有学懂，还有什么“知识产权”可言呢？我们每年上课都开设一个课程邮箱，把所制作的课件和数据、软件、参考资料等教学资料用电子邮件发给全班学生，鼓励学生上课时集中精力注意听课，不能只是埋头记笔记，学生对此非常欢迎，有的学生甚至还把课件事先打印出来对照着听课。

另外，在课堂上经常会有学生提出一些问题，或者会指出讲课中的错误，作为教师谁能永不出错呢？这时一定要“闻过则喜”，绝不能加以掩饰，自己弄不明白或无把握的问题不给学生乱解释，更不能与学生对立。发现错误要实事求是地分析，首先要承认错误，而且有错必纠，有错必改，这样一来学生反而认为你认真、负责、严谨，会从内心佩服你。你对学生负责其实他们心里是很清楚的。我们曾经对毕业班的同学座谈调查，问“本科四年来给你们上过课的老师中，你认为印象最深、最满意的老师有哪些？”，结果还是教学最认真，对学生要求最严格的老师名列前茅。

教师与学生之间并不是单一的“讲”和“听”的关系，而是一个互动的磁场，是真诚与真诚的交流，是心心相印。正是学生的深入探索和提问，才使我们发现了教学中的很多不足或错误，这就是“教学相长”。作为一名老师，会从学生身上获取恒久的动力，学生对教师教学的承认和肯定，才是对教师的最大的奖赏和最有力的鞭策与鼓励。

五、年轻教师要有一定的社会积淀和相对稳定的研究方向，要多主动争取老教师的帮助

作为一名经济管理学科的教师，需要有一定的实践经验。要主动深入到实际经济管理部门去调研，不断充实自己。现在我们很强调学生的实习，却不重视教师的实践，这是不很恰当的。丰富的实践经历既是教学与科研的宝贵源泉，又是理论联系实际与教书育人的重要基础。在课堂上的生动讲解，很多并不是事前就完全准备好的，而是根据所讲的问题和在实践中的切身体会，在

课堂上“顺手拈来”的。一个经济学和管理学的教师，社会积淀不能缺少，如果缺乏社会实际的体验，你讲的课可能只不过是原来听课笔记的翻版，或者只是照本宣科的书本上的语言，那就很有局限了。

青年教师要尽快明确自己的研究方向，而且研究方向要相对稳定，不能“打一枪换个地方”，这正如打井，“东刨西挖到处挖浅坑是见不到水的，只有找准方向坚持努力才能打出水来”，“伤其十指不如断其一指”。只要集中精力、在一个方向锲而不舍地坚持耕耘，总会取得成效。

青年教师的成长要多主动争取老教师的帮助，很多年轻教师正是在老教师的帮助和鼓励下，才奠定了自己的专业方向，也才得以更快的成长。年轻教师很需要各级领导和老教师的关心和帮助，而青年教师自己也要主动去争取和珍惜这样的机遇。

六、要树立正确的得失观，当教师“有所得必有所失”

既然选择了教师这个事业，就要有把自己的一生奉献给教育事业的思想准备。任何事情都是“有所得必有所失”，而且是“先有失后才会有得”，一个人不可能把什么先机和好事都占完了。一个教师要排除各种干扰和诱惑，不要把金钱和权位看得那么重，要把主要精力集中在教学科研上，才能在事业上有所作为。对青年教师来说科研十分重要，所以青年教师承担一些研究课题是很必要的。但是教师的首要职责毕竟是育人，年轻教师一定不能忽视教学，首先要把讲台站稳。在教学科研上不要浮躁，不能急功近利。要正确对待各种机遇和诱惑，处理好业务工作和行政工作，要有甘坐冷板凳的精神，不要对行政职务那么在乎，对教师来说那不一定是好事情。有的学校出现几十个教授、副教授去竞争一个副处长的职位，这其实是高校行政化造成的“悲剧”。大学教师虽然不坐班，但晚上关灯最晚的其实往往是教师，教师虽然有假期，但一个有责任心的教师大多是把假期用于备课和科研上，真正意义上的休息其实并不多。即使是出国和进修也会有得有失，有的老师就认为“出国的机会成本太高”而不愿意去。其实，为了长远的发展，往往就要舍弃眼前的某些利益，作为教师，这种精神和思想准备还是需要的。

另外，教师要珍惜和维护好周围良好的小环境，要正确对待自己、正确对待别人、正确对待自己的团队，这对青年教师的成长也很重要。

目前学校里的中青年教师很多，他们需要更多地支持和关爱，需要更有利的成长环境。各级领导和老教师有责任为青年教师提供更多的帮助，为他们当好“梯子”，因为中青年教师才是高校真正的希望和未来。

教师的专业知识与教学实践

贵州师范大学　项　昭

项昭，1942年生于教师世家，湖北大冶人。现任贵州师范大学教授，硕士生导师，全国高校教学名师、省高校教学名师。主要研究方向为数学课程与教学设计。先后为本科生、研究生讲授10余门课程。主持和参与省科技厅、教育厅立项资助课题9项，全国教育科学"十五"规划重点课题1项，主持省长基金项目、省基础教育科学研究省级重点课题各1项，主持校级精品课题建设1项。发表论文30余篇，主编《高中数学选修课程专题研究》，任《logo技术与中学教学课程整合研究文集汇编》副主编，主编5年制高等职业教育《数学》教材4册，参编高校教材、专著8部，参编和主审高校及中学数学教材、教辅资料多部。科研成果获全国教育科学研究优秀成果1项、省科技进步奖1项、普通高校优秀教学成果省级二等奖3项。曾获首届曾宪梓教育基金会优秀教师奖、省五一劳动奖章。

摘要：

本文试从教师知识结构研究的理论派系、教师如何获取教学知识、教师的教育科研活动三个维度，探讨教师的专业知识与教学实践的关系。

本文从这样一个问题出发：如何看待教师所需要的知识。大学教师通常经历小学、初中、高中、大学和研究生阶段的学习，积累了很多专业知识，那么作为大学教师，是否还有做特殊培训的需求？为了解答这一问题，我们要从大学教师职责方面进行反思。

首先，大学教师的基本任务是培养高级专门人才，而高级专门人才在社会的发展中起着骨干作用。其次，大学教师不仅传递科学文化科学知识，还创造科学文化知识，教学和科研相统一是大学教师的重要职责。第三，大学教师既是教育工作者，又是社会活动家。所以，大学教师肩负着培养人才、发展科学、服务社会三大任务。这三个任务中，教书育人是最基本且最重要的职责。同时，从事科研、服务社会也是大学教师义不容辞的任务。在此意义之下，我们需要思考教师的知识结构。

一、教师知识结构研究的理论派系

如果说早期认为只要懂得专业就可以从事这个专业的教学，那么随着社会的发展，人们逐渐发现这个观点不够完整，特别到了文艺复兴时代以后，除了人文科学还有大量的自然科学逐渐进入了学校的教育领域，因而人们开始思考怎么样丰富教师的专业知识，而且他的教学知识又怎么形成怎么发展，逐渐提上了议事日程。

20 世纪 80 年代，教师的知识结构成为一个热点问题。当然，迄今为止并没有形成完全统一的观点，但是其中最为玄秘且最有代表性的观点，如下图所示：

一派观点认为，学科取向的内容知识是教师最主要的知识。其代表人物有苏尔曼、格罗斯曼等。这派的观点认为作为教师要具备本专业的另一种知

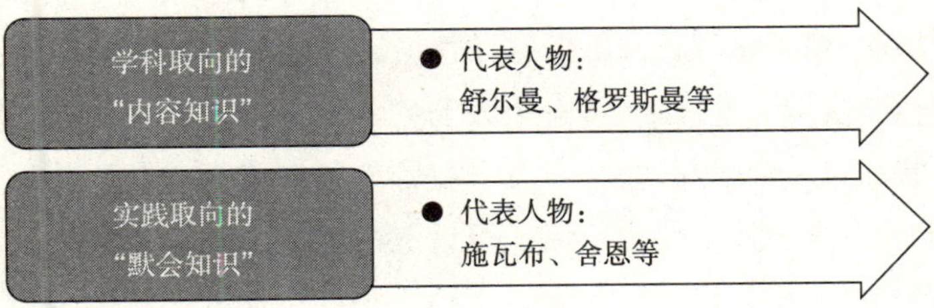

识，可以通过理论上的系统学习，完成这样一个基本的任务。而另一派观点则认为教师的知识具有特殊性，需要在实践中去磨练、反思，从而获取实践取向的默会知识。前者具有外显的特征，而后者具有内引的特征。因此，以下将从两部分来介绍这两种基本的观点。

（一）学科取向的内容知识

学科取向的内容知识基本成分大致可以划分为以下七个主要内容：

第一，学科知识主要是指学科的内容知识。以数学学科为例，作为数学教师，很多教师认为数学有基本的概念、命题、法则、构成理论体系、思维方式和方法，这是一个基本的数学学科知识的构成。但是作为一个教师，如果仅仅把数学看成一系列的概念、命题乃至于理论体系，是不完整的。我们还可以从以下三个方面进行细分。

首先，对数学学科内容的整体把握，是对数学教师的一个重要要求。什么是数学，数学的研究对象是什么，它的研究特点又是什么。这要求教师对数学有一个整体上的较为清醒完整的认识。谈到什么是数学，从教材或者专著中可以查到，对数学学科的界定有几百种不同的说法，最早的可以回顾到从亚里士多德谈数学。近代恩格斯的经典定义，把数学概括为：“数学是研究空间形式和数量关系的科学”。这种经典的提法到了近代不断被完善和补充，所以我们常听到数学是魔术的科学，是关于叙的科学等不同的说法。但是作为教师，要把握数学的整体特征和基本性质，就要多读一些名著，特别是有关数学辞典、数学大百科全书以及数学哲学辞典等，都对数学内容的整体把握做出了很好的说明。其次，数学教师不仅要掌握数学学科的整体，还需要掌握其专业知识。王之科院士在 1993 年为中国科学院物理数学学部撰写的工作报告中特别提到：“数学学科既是一门科学又是一门技术”。在所有的学科中既是一门科学又是一门技术的学科并不多见。因而我们在掌握数学学科的专业知识时,要注意数学特别是现代数学的这种特征。在这一个认识之下,对于基础数学、计算数学、应用数学之下,每一个大的数学分支乃至于小的数学分支要有相对整体的认识。众所周知,当今大学教师的师资来源在学历结构上有了很大改善,但正因为这种专门化导致了容易忽视对数学学科专业知识的整体认识,所以建议教师在学好自己专业的基础上还要关注其他相关专业知识。再次,作为数学老师,我们还需要把握数学学科发展的历史。数学思想和方法,从远古到近代不断地发展,其思想方法不断地积累和进步,直至形成我们今天的现代数学。在这样一个过程中,了解数学发展的历史,对数学的各个阶段有比较完整清醒的认识,对教学非常重要。美国的数学史讲师在古今数学思想当中提到:"知道数学的历史不仅是数学家的需要,更是我们教师的需要",更特别提到"学习数学史对今天的大学生更具有特殊的意义"。因为大学生看到的数学都是经过前人的整理、加工成为一个天衣无缝的完整的逻辑结构,因而容易忽视数学家的摸索和探究的过程。然而大学生如果能够看到众多的数学家在迷雾当中摸索和前进,经过很长的历史阶段几十年几百年才取得点点滴滴的成果的过程,他们可能更会鼓起学习勇气。举一个简单的例子,方程的研究。一次方程的解法在公元前三世纪三千年已经记录在巴比伦的文献资料中,然而三次方程、四次方程的求解公式是直到十六世纪才逐渐解决的,这中间经历了几千年的时间,五次和五次以上的代式方程则由拉格朗日作为一个向人类智慧挑战的问题提出来,从十六世纪到十九世纪,经历了三百多年,经过很多数学家的不懈努力,最终是由年轻的数学家阿伯尔、噶罗法所解决。在这样一个漫长的历史过程中,我们不仅积累了数学的知识,更重要的是积累了数学家坚强的毅力、勤奋的劳动,这个对我们今天的学生学习具有很重要的启发。

第二,掌握学科的教学法知识。它主要是指把学科的知识加工转化为学生能够理解的教学法知识。这一点在我们实际教学过程当中是比较难以把握的,用数学语言来说就是用数学知识的学术形态转化为教育形态。什么样的形态是教育形态呢,我们就要借用前苏联的数学教育家斯多利亚尔提到的一个观点:数学的教学是数学活动的教学,这里所说的数学活动主要是指有结构的数学思维活动,具体把它化为三个阶段:

第一阶段:经验材料的数学组织化。这个阶段的数学实际上是它的源头,表现为实验的直观的数学;

第二阶段:数学材料的逻辑组织化,形成的数学概念、关系和逻辑整理;

第三阶段:数学理论的应用。

在我们把学术形态转化为教育形态的过程当中,把握这三个基本的环节,有助于我们学生的学习。再此用函数这一实例把抽象的概念具体化。函数不管在中学还是大学,都是我们研究的一个重要的数学对象。函数概念是怎么形成的,首先经验材料的数学准则,包括我们从常量数学到变量数学的认识。当小学生学习二加三等于五的时候,二和三都是常量,它们得到的结果五也是一个常量。X加上二等于五,这是一个方程,在这个方程当中X的值只能是取三,它也属于我们讲的数学常量数学的范畴,但是如果把问题变换一下,$X+Y$等于五,在解决这个问题过程当中我们会发现X可以取不同的值,Y也可以取不同的值。而且当X的值变化使Y的值随之而变化,这样一来这种变化的量给学生形成初步的印象。但是这种印象是不是就是我们讲的函数关系呢,仔细分析一下,X变化是Y也随之而变化,就体现了变量和变量之间是互相联系互相联想的,在数学上我们称之为函数,实际上最初的概念就是说两个变量一个变化是另外一个随之而变。

其实在初中的教材就是用这样一种观点让学生在实验的直观的基础上认识自变量和因变量。

但是从高等数学或者说高中数学的角度,我们并没有就把你变我也变这样一种关系称之为函数关系。我们在这种数学材料积累的基础上经过逻辑准则把它描述为两个变量一个X一个Y,当X的值在某一个范围内给定的时候Y有V1确定的值和它对应,这个时候把Y称为X的函数,X称为自变量。老师你想一下,当你第一次从教材上读到这个概念的时候你会怎么想。原本我们了解的这个函数关系是你变我随之而变,但是经过逻辑组织以后,变成你确定我唯一确定,我就是从动态到静态这样一个过程,其实是学生学习的一个难关。

很多学生到了大学阶段要给函数下一个比较完整的定义仍然感到不习惯,更不要说在现代数学和我们教材上谈到的集合之间的定义关系的学者。不同的说法把它看成函数变幻等等。在这一系列的提升过程当中数学材料经过逻辑组织表达它们之间的关系，这一点往往容易被我们老师在教学过程当中忽视。

数学的概念形成了理论以后，它要通过应用去立化和巩固。所以前苏联的数学家辛清，对这样一个过程通过他亲身的教学经历把第一个阶段作为数学的来源，第二个阶段作为数学的对象，第三个阶段作为数学的语言。这样三个阶段也就是说数学源于实验的直观的这样一个背景，通过逻辑组织运成了数学对象，他往往以抽象的概念和关系经过逻辑方法进行整理，这一段再用严谨的数学语言给予表达。这在大学学习过程当中特别明显。如果这个阶段从来源到对象之间缺少必要的联系，就往往导致理论脱离实际。因而我们在第一个阶段到第二个阶段要注意理论联系实际，而第二个阶段从数学的对象到数学的语言我们往往会用自然语言、图形语言、符号语言去表示概念之间的关系，揭示数学命题之间的意义，并且给予论证。在这个过程当中老师缺乏必要的讲解梳理往往就导致学生形式主义的学习，而形式主义最大的特征就是死记硬背。在 1999 年教育部修改基础教育课程时提到，通过全国的调研对各个课程当中哪些课程最需要死记硬背，数学名列第二。这就反映了我们教学当中忽视教学对象和数学语言之间的关联，忽视了学生对图形语言、符号语言的理解和运用，导致形式主义。在我们教学过程当中把数学知识从学术形态转化为教育形态的时候要格外加以注意。因此，作为数学教师，我们一个重要的职责就是根据学生的需要把数学的学术形态转化为教育形态，让学生愿意学、学出兴趣。

第三，课程知识。所谓课程知识，主要是指对教材和教学计划的掌握。什么是课程？我们往往会注意到，以前我们谈的都是教学改革，但现在一个常用的提法是课程与教学改革，为什么加入课程二字，其实课程是我们学校教育的核心问题。课程是我们培养目标和培养规格的具体化，教学过程就是按照课程提出的计划，通过师生双边的活动，实现各种教学目标的过程。而课程这个概念，也是多义性的概念。我们通常把课程看成一种经验，也就是人类社会发展的过程中积累的各种各样的经验，被作为课程的素材。但仅仅是一种经验还不够，我们也可以把它看成是一种选择。也就是从经验中选择最必须的部分，根据学生不同的需求来选择内容。我们也可以把课程看成一种组织。因为选择出来的内容，要有一定的课程编制学习体系，让学生易学易懂。课程是一种评价形式。如我们的教学计划、教材，都是一种文本化的资源，是我们教学的依据。课程研究的基本问题，概括起来是课程的目标、课程的内容、课程的组织以及课程的评价。

对高校的老师来说，往往注重了教材而忽视了课程的整体把握。因为课程可以在不同的层面上展示。大到我们的教育目标，然后是专业培养目标，再到每门课的课程目标，不同的课程会设置不同的目标。比如，公共课的《高等数学》和专业课的《数学分析》的时候，老师们会发现，它的基本素材从数学学科的角度来说有共性。这两门课程都包含了极限、导数、微分理论、积分理论和级数理论。但是在教学过程中，公共课的《高等数学》更偏重于为不同专业的学生，打下进一步学习的基础，重在应用。而作为数学与应用数学专业课的《数学分析》，是今后学生学习其他各门专业学科的基础，它培养的是学生的思考能力、论证能力和发现问题的能力。因而这两门课，我们常常发现一些新进岗的年轻教师，在上公共课的《高等数学》把它上成了专业课的《数学分析》。导致了老师很费力，而学生并不买账。因此课程的目标，一定要针对整体课程特别是教学计划。我们在做教学督导工作的时候，发现有的年轻老师，上课有教材，有 ppt，但是恰好没有教学大纲。因为没有教学大纲，很难把握这一门的全面的课程目标。同时对教学内容的加工，要根据不同的目标选择不同的内容，重点难点要有所侧重，在课程组织上也要根据不同学校不同学科的特点来进行。对课程的评价，在选择教材上，要选那些评价比较高，学生容易接受的，并用多元化的方式进行评价。

第四，一般教学法知识。作为一名数学教师，不光要懂得数学专业，更要掌握适用于各个学科教与学的原则和技能。高校教师在教学中有很多一般的原则，大家可以在教学论中查阅。而教师的技能，除了理论学习，还需要在实践中去锻炼。

第五，学习者的知识。学习者的知识包括学习者的特征和认知，学习者的发展和动机。我们作为大学老师，一定要把握学生的特点。掌握大学生思考问题的方式、学习的需求，根据这些需求和认知特点来把握我们的教学。特别对学习者的发展和动机是个值得关注的问题。大一的学生在开座谈会时，往往对大学老师的教学不认可，主要因为很多老师忽略了学生本身的需求。

第六，教育的环境知识。其实既包括硬件环境，也包括软件环境。所谓硬件,就是教学的基本设施,尤其是大学里普遍使用的多媒体教学。但是多媒体教学环境的使用要考虑到数学学科的特征和学生的特征。如果数学课总是用ppt,学生并不认可。因此多媒体的使用既要注意发挥其辅助教学的优势,又要注意适度有效。而软件环境,其实就是教师自身的素养。

第七,目标和价值的知识。关于教育目的、目标和教育价值的知识,我们都可以通过学习外在的已有的知识体系,具有理论性、系统性、严密性、客观性等特点。这些知识我们将其看作客体,我们可以通过系统地学习,增强自己的理论,把握这些知识。比如数学的学术形态转化为教育形态,虽然要经过实践,但我们这里主要强调它是要通过理论上的学习,即,多看一些有关教育的、数学教学的理论专著,有助于我们提升内容知识。

(二)实践取向的默会知识

第一,教师个人的教育信念。数学教师的知识具有特殊性,其必须在实践当中去学习。如,学习游泳,教练如果只把动作讲得十分清晰,我们也听得认真,但是听懂了也未必会游泳。这跟学习数学很类似。强调实践取向的默会知识的学者们认为,首先是教师个人的教育信念。所谓教师个人的教育信念,就是对教学的认识。有人认为大学老师的任务就是讲课,大学生的任务就是听课和学习。其实这样的观点具有片面性。如果老师把自己的任务,仅定位于教,而学生定位于学,则很难达到预期的效果。所以我们把教学看成一种双边活动。教师的教和学生的学是统一的。教师的教学不在于展示自己的教学能力或学识的渊博。而为学生的学习而教,是我们的基本观念。

早在中国古代教育名著《学记》当中就提到,教学相长。教师通过教,教而后之困,学生学而后知不足。老师在教的过程中,发现了很多困惑疑难,所以我们要自省反思,去解决问题。学生在学习当中发现了不足,要自强。因此教师与学生这一对既联系又矛盾的双方,互相提升,教学相长。我们在教学中常有体会,某一个问题,教师在上课之前并不非常清晰,但在课堂上通过与学生的交流讲述,反而将问题弄明白,而且知其然并知其所以然。教师在这个过程中,既是一个教授者也是一个学习者。所以从师生双边的关系来讲,教师就是课堂的主导而学生是学习的主体。也有说法认为双主体模式,但是在大学教学中,我们更倾向认为教师是主导,学生是学习的主体。这一对矛盾就构成了教师个人的教育信念。我们坚信在教学过程中,不仅受益的是学生,同时教师也在教学当中前进和积累。

第二,教师对自我的了解和调节意识。我们首先来思考,你认为自己适合做教师吗?你对做教师到底有多大的兴趣?你认为你能不能教好学生?你对履行教师职责的自信心如何?

有的年轻老师愿意做教师,但是在实际的课堂教学过程中,和学生一旦碰撞,学生就不认可,或认为这个老师讲课不如某某老师好,或认为你讲的东西他没听懂。有的学生还会说,本来自己看教材也能基本了解学习内容,但是老师经过课堂讲述,反而使得知识的学习变得混乱。教师得到这种反馈时,难免会觉得灰心,觉得自己不适合做教师。这就涉及到我们对履行教师职责的自信心,这种自信心在遇到挫折的时候特别重要。我们如何改进教学,如何跟学生沟通?这就是自我调节的意思。

另外,你在课堂上自我调节和控制能力如何?现在的大学生,有的经常在课堂上看报纸、玩手机或者讲话,在这种情况下教师如何自我调节?学生的这些现象就是对我们教学发出了一些反馈的信号,要求我们老师改进。从老师的角度,上课要面向学生,要看着学生的眼睛讲课,如果教师只是坐在控制台后面操作 ppt,那么就根本谈不上调节的能力。这一点必须在实践中去深化。

第三,教师对学生的感知和沟通能力。如何实现从学生角色到教师角色的转换?首先,爱自己的专业。如果一个数学老师不喜欢自己的专业,那么传递给学生的信息,不仅不会喜欢,甚至会厌恶数学。第二要爱自己的学生。去了解学生,把学生看成自己的同伴,自己的弟弟妹妹。这样我们在与学生交流沟通时就能想尽办法,让学生和老师真正在一个共同体下完成教学任务。第三,我们对教师这个职业的态度。由于高校的评价体系,部分老师不重视教学,认为科研是个硬指标,认为教学是个软指标。其实我们如果真正热爱教育事业,那它就不是一个职业或一个专业,而是我们终身要从事的事业。当你在教室读到学生的目光,当学生毕业跟你回忆上课的情景,你会有一种自豪感油然而生。

第四,教师应对多变的教育情境的教学机智。在课堂教学中,教师要学会调整和应对。学生不听课的时候,教师要多问问,是否内容深度不适应等。数学专业到了大四,要开《数学分析》、《高等代数》等选修课,这些课程是为学生考研究生做准备的。很多老师做了精心的准备，准备了大量的例题。而实际在学生听的过程中，有些心不在焉，有些在自己看书。如果去跟学生沟通一下，很可能是你的教学设计没有从学生的实际出发。比如一节课例题设置过多，难度上升太快，学生不适应。一定要根据教育的情境进行必要的调整。

第五，教师在教学活动中对“内容知识”的理解、把握和运用策略。在老师积累实践取向的默会知识中，对教学内容的理解把握和运用是很重要的。年轻的老师跟相对成熟的老师的区别主要在于教学经验的积累、对内容知识的理解和把握。担任一门课的时候，往往不知道学生的需求，往往按自己的设计来讲，最后发现学生反馈并不好。比如，有个数学专业的学生在座谈会上讲，《高等代数》老师用了一节课讲了一个定理，其实同学没有听懂，他建议老师别讲这种证明，只讲应用即可。另一个学生就反驳他，学数学当然要掌握证明，你才能理解这个定理。所以我们从老师教学的角度，如何把自己对知识的理解融会到教学过程中。我来谈谈这方面的教训：

比如我们讲到函数的现代定义，用数集、关系、映射来讲解函数的时候，其中一个知识点，怎样用集合的子集来表述一个对应关系 51：33。

第六，教师在日常行动中展现的批判、反思精神。我们在学任何一个专业课当中都会有批判反思精神。这种精神如何表现在我们的课堂之中？举例来讲，我们在讲数学的时候往往给学生布置很多题目，让学生逐一解决。所以长期以来学生认为老师出的题目一定是能够解，而且多数都是唯一解。但是某一次上课的时，我选了一组题目。第一步让学生解这 10 个题目，第二步让学生对每一个题目做出自己的评价，品评题目的好处和不足之处。半小时后学生举手说题目做出来了。然而在学生沟通过程中，学生只评价了题目的好处，并未意识到题目的问题所在。经过提示，学生意识到问题，发现这是一道在题目的题分条件当中蕴含着矛盾的错题，接着学生发现这 10 道题目每一个都有不同的问题。其实我们这样做的目的，就是要引导学生对学习的知识有一种批判反思的精神。学生经过这样一种训练，更加重视科学精神、理性精神的培养，而不是盲从。

默会知识与内容知识相比，来源于教师个人的实践过程，经过与环境的对话和交流，在不断反思的基础上逐渐深入，具有实践性、前进性、模糊性和个人性的特点。

这两种观点我们可以做一个简单总结，如下表所示：

	价值取向	基本内容	主要特点	获取途径	相互关系
内容知识	理论	参照前文七条	内容性、系统性、逻辑性以及客观性	学习外在的已有的理论知识体系	从不同的角度、不同的侧面反映了教师的知识状态，两者兼而有之
默会知识	实践	参照前文六条	前进性、实践性、模糊性、个人性	教师个人的教学实践、教学积累和反思	

两类知识的价值取向，前者倾向于理论的学习学科，而后者倾向于实践，参与；基本内容以前文分别列举的七条和六条从不同的侧面来描述；其主要的特点方面，内容知识具有内容性、系统性、逻辑性以及客观性，而默会知识更强调的是它的前进性、实践性、模糊性和个人性；获取途径方面，前者主要是学习外在的已有的理论知识体系，后者则更强调教师个人的教学实践、教学积累和反思；从它们相互的关系来看，这两种观点是从不同的角度不同的侧面反映了教师的知识状态，两者其实是兼而有之，既有内容知识也有默会知识。内容知识是我们成为一个教师的必要条件，如果没有内容知识我们不可能做专业课教师，但是仅仅有内容知识很难成为一个成熟的有个性化的优秀教师，所以两者相辅相成。我们在整个当教师的过程当中不断积累不断反思这两方面的知识对教师的专业发展都非常重要，而且我国学者在这一方面，如：林同德、孙继亮、朱体全、吴刚平等，都提出了不同的认识，但是其中有大量的共性。

二、教师如何获取教学知识

上文对教师的专业知识结构做了一个简单的讨论，接下来要讨论的是，教师如何获取教学知识，这是一个教学知识发展的实践性研究。

第一，教师的学科知识和教学知识。教师的知识结构，一是学科知识的积累，二是教学知识的积累，而教师的教学知识到底包含哪些主要的内容呢？我们在这里介绍新加坡国立大学范良火先生的一个研究成果。范良火先生在大量的研究当中，总结出三个方面：第一，教学的课程知识；第二，教学的内容知识;第三,教学的方法知识。也就是把教学知识分为三个纬度:课程知识、内容知识和方法知识。

课程知识主要是指包括技术在内的教学材料和职员的认识。他主要想解决的问题是知道事物,对数学学科而言,我们要知道教学内容的层次结构,因为每一门课都有自己的基本结构,布卢拉他的结构主义观念就认为在教学过程当中教出知识或者课程的整体结构便于学生的学习。我们不管是教分析,教代数,或者教几何当中的某一个分支,某一个课程,它的基本结构老师是一定要把握的,不仅要知道这个知识的基本结构,还要知道适合某一个学科或者某一个特定内容的课程知识。比如我们在讲概率与统计的时候,就会遇到一个最基本的概念,什么是概率,其实学生现在从小学开始,已经初步接触到概率这个概念,但是他在认知过程当中经历了从统计概念、统计的概率概念到古典概型、几何概型,这样一个认知过程首先是从做实验开始,通过大量的实验把数据收集起来,发现当中的规律,从数量上来刻划什么是概率。到了高中阶段,他会把这个概念提升为除了用实验的方法,还可以在某些特殊条件下通过逻辑的分析,比如说他是等可能性事件,就可以用古典概型或者是几何概型来处理。这个时候学生往往有一种误解,认为概率问题就是一个计算问题,而忽视了它的基本的思想方法的学习和把握。这样结果就导致学生虽然知道这一个知识本身,但是一旦到了数理统计的时候,要用这些基本方法去解决实际问题,就显现出对课程知识的缺乏。或者老师在教学过程当中就难以把握这些知识在课堂教学当中怎样处理,更不用说在我们高理论,以及数理统计当中介绍到公理化定义,它完全是一种形式化的定义。学生有一种疑惑,前面几种定义已经很能解决问题,为什么还要来介绍公理化定义,既抽象,又不好懂。其实如果从课程的结构,课程的教学方法来说,我们更要注意揭示这个问题产生的背景,比如在数学史上的贝克莱悖论,就是同一个事件在计算概率的时候会得到不同的结果。其实追溯它的原因,就是我们建立了不同的数学模型,在不同的模型下,它展示出不同的计算结果。而这个问题上我们去反思,对概率概念的描述是不是严谨,是不是科学,怎么让它更严谨,更科学,这是我们老师在积累课程知识的时候要把握事物到底是一个什么形态,我们怎么去对它进行处理,进行组织。

内容知识,主要是解决教谁、教什么,为什么教,而内容知识就是把具体内容选择出来以后,用一定的方法进行教学,所以它是关于表达数学概念、事理和过程的方法有关的知识。这一方面的知识更需要我们老师在教学过程当中去学习,去把握。我们不管是在中学,或者大学从事教学的时候,举例是一个很好的方法,它可以帮助学生跨越一些界线,比如我说 1、2、3 构成一个集合,让学生列举它的真子集,空集 1、2、3,1、2,1、3,2、3,这些都是它的真子集,然后让学生来建立他们之间一一对应关系。结果我们发现确实不能建立,那它就是有限的。无限集也可以举例,比如说以自然数为例,自然数集它的元素 1、2、3 等等,一直到 n,它的真子集可以是偶数集,也可以是奇数集,而自然数集和它的真子集、偶数集或者奇数集就可以建立一一对应关系,这恰巧就是无限集的特征。学生通过这样的例子举一反三,对有理数集、整数集、实数集,他会做比较,有的可能建立一一对应关系,我们把它叫做可数有限、可数无限,而实数和自然数集之间不能建立一一对应关系,和有理数集之间也不能建立一一对应关系,这样在无限当中它就有比较,大的无限和比较小的无限。

教学的方法知识,是关于教学策略和课堂组织模式的知识,不要在大学的课堂中一味地只重视自己的讲授,忽略了学生活动的组织。我们在课堂教学当中,要设置必要的问题,让学生去思考,让学生去反馈,当然现在大学的课时确实比较少,为此更需要我们精选教材,精心的设计。姜波军院士在他的教学经历当中特别总结道:“学得好不一定教得好”。什么样的老师才能教得好呢? 首先你要学得好,同时要经得问,就是经常问学生,而且也让学生经常向你提出问题,这样在师生双边的交流过程当中积累教学的方法知识。姜院士特别有一个经验,就是要自立,如果学生有问题,让学生问,学生没有问题,我们要问学生,学生如果问了一个问题,我们可以用反问的方式,让学生在问题与问题解决的过程当中去学习知识。

第二,教师获取教学知识的途径及其对专业发展的影响。范良科先生在他的研究当中,把教师教学知识的来源划分为三个方面:第一,是作为学习者的经验;第二,职前培训的教训,这个就专门对师范教育的学生而言,我们在师范教育阶段设置了部分课程,是专门供给未来教师的教学知识和技能。第三,在职经验,不管我们是不是来自师范院校,但是我们从事教育事业以后,都有获取教学知识的机会。

作为学习者的经验来自于两个方面:一是在学校环境下正式教育中获取的经验,包括各个学段,乃至于大学和研究生阶段积累的经验。二是来自于非正式教育环境,比如家庭、社会的经验。

职前培训的经验,主要是指一般教育学课程,在师范院校都要开设教育学、心理学,它涉及到一般的理论教育知识。

在职经验可细化分成四个来源:

(1)在职培训。包括国际、国内关于教育的一些专门的会议,专门组织的培训,例如,高师数学教育研究会就是专门对高师或者是一般院校的数学教育进行研究。

(2)有组织的专业活动。例如,西部地区针对农村的中小学的国培计划、组织进行专业活动,甚至同学间的互相交流,这也是一种学习机会。

(3)非组织性的专业活动。包括随堂听课、同事间的交流、阅读专业书刊,在网络上也有大量的资源可以供我们学习专业书刊,学习教学法、教学设计。

(4)教师自身的教学经验和自我反思。教师因为要从事教学活动,必定会积累大量的教学经验,但是这样的经验还需要反思。范良火博士经过两年多的调查、问卷、访谈和分析,得到了一个框架性的结构,如下表所示:

来源	课程知识			内容知识	方法知识
	教材	技术	其他教学材料		
最重要	H F	H、F、C	H、F	H、F	H、F、C
第二重要	C D A	D	C、D	D、A、C、G	D
第三重要	G、B	G、A、B	G、B、A	B	B、A、G

注:作为学习者的经验(A)

①来自正式教育环境(学校)中的经验。

②来自非正式教育环境(家庭、社会)的经验。

职前培训的经验(B)

①一般教育学课程。

②专业教育课程。

③教学(教育)实习。

在职经验

①在职培训(C)。

②有组织的专业活动(D)。

③非组织性的专业活动:随堂听课(E)、和同事交流(F)、阅读专业书刊(G)。

④教师自身的教学经验和自我反思(H)。

首先把它分为三个纬度:课程知识、内容知识和方法知识,其中课程知识包括教材、技术和其他教学材料,比如教辅、网络资源等。根据不同的来源把它分成最重要的来源、第二重要的来源和第三重要的来源。其中最重要的来源是自身教学经验和反思,也就是说教师要积累教学知识,最重要的来源是自身的教学经验和反思,同时也包含和同事的日常交流,和同事的交流,我们有很多共同的语言,可以互相分享。

第二重要的来源是有组织的专业活动以及作为学生时的经验。当我们谈到大学教师有组织的专业活动和中学相比,中学因为主要的任务是教学,所以这种有组织的专业活动非常频繁,而且多姿多彩,对老师有很大的收益。而大学虽然有一些院际公开课和校际公开课,但是如何扩大其影响面,在教师培训当中如何发挥其效益也是一个有待解决的问题。第二个方面是作为学生时的经验,我们听自己的老师上课往往会有很深的印象,到现在常常怀念我们大学时代、中学时代的老师,他们上课时的风采,他们那种精彩的启发式的教学,以及美观的板书,对我们循循善诱,耐心的引导至今影响我们一生的发展。所以要把自己在学生时代的优秀教师的教学经验用于我们今天的教学。

而相对于第三个方面,职前培训以及作为学生时的经验和阅读专业书刊都是重要的来源,所以通过这个研究得到如下的结论:

第一,教师教学知识最主要的来源是自身的教学实践和反思;

第二,要加强和同事日常的交流,特别提到不仅是和老师交流,还要主动与学生交流;

第三,比较重要的来源是在职培训。

本研究揭示了教师教学知识有不同的来源,且从统计意义上说明这些不同的来源对于教师教学知识的发展的确有不同的贡献,其结论对我们有一定的启示。值得注意的是,对教师教学知识的获取或者发展这一个问题,不同的研究对象、不同的地域、不同的教育体制和教师培养途径,其研究结果会存在差异,不可能把这个结论搬到所有的问题上。但是,这样一个实践性的研究,把教师教学知识的形成和发展作为一个理论上、科学上有价值的问题提出来,用实际的方法进行研究,得出自己的结论。作为高校教师应该关注这一方面的研究成果,如果有条件我们自己也来参加这种研究,而且根据自己学生的特点,自己成长的经历,谈谈做教师教学知识积累的过程和感受,一定是很有价值的成果。

教师在教学实践活动中成长 ——叶圣陶语文教学实践思想

教学上学科有特性,但是在教学规律、教学方法上有很多共性,所以借用的是叶圣陶语文教学实践思想进行阐述。包括六个方面:

第一,做。培养能力的事必须继续不断地去做,学习国文必须多多阅读,多多学做。把这个道理用在数学学科上,我们的数学学习也需要学生多阅读,因为大学生从中学到大学,养成了一个习惯,就是不看数学书,把数学教材当成习题集来打发。其实在大学首先就要培养学生阅读教材、阅读课本的习惯,而且多多去做,我们讲学数学还不如说做数学,因为通过做才能够真正地学会,而大学教材有一个很重要的特征,就是理论部分论述得非常详细,而例题相对较少。所以大学生往往就说老师能不能多补充一些例题,多讲一些例题,这一点在我们教学过程当中,要让学生去做,首先老师要做示范。

第二,练习。练习不是单纯的操练,而是通过练习加深对课文的理解,表达自己的感悟,发现自己的心得。所以大学教学一定要通过学生的练习,培养学生对课程、教材、学科内容的理解,表达自己学习当中的心得和体会。

第三,训练。叶圣陶先生提到,所谓训练,第一必须讲求方法,第二必须使种种方法成为学生终身的习惯,对这一点我们数学上并不缺乏练习、训练,我们每一周都要学生做练习,然后收上来,老师要进行批改或者检查。但是我们是不是学生交了练习、交了这个答案,我们就认可他的学习呢,这里有两个问题:第一个,必须讲究方法,特别在课堂教学当中,我们用某一个例题来说明某一个道理或者应用的时候,不仅要讲它的证明本身,解题的本身,还需要对方法进行归纳和提升,而且这个过程要和学生一起互动,否则我们看到很多课,老师的例题选得过多,但是方法缺乏归纳,所以学生常常说的话是:我听得懂,但是下去做不了,所以方法的指导非常重要。第二个,方法要成为学生终身的习惯,因为学数学,并不是人人都成数学家,特别在公共课当中它是一个基础,是一种工具,是一种语言,能不能成为学生终身的习惯,其实是对他思维方式方法的一种训练。现在我们常常谈到算法,它在计算机上有非常普遍的应用但是算法在一般人的头脑当中就是解决一类问题共同的步骤和程序。我们是不是有序地在思考一个问题,数学就发挥着特殊的功能,我们常常发现一个学数学的人,他在思考问题或者表述问题的时候,比较讲究他的程序和方法,巨为他已经形成这样一种习惯,因为我们数学教学除了它的科学价值,它的教育价值、应用价值,实际上对我们终身的习惯也跟语文课一样,是十分重要的。

第四,实践。叶圣陶先生谈到,凡事总要在实践中锻炼,实践的最终目的是化间接经验为直接经验,对内化为能力供自己所用。你看前面提到了要培养学生成为终身的习惯,而在实践环节当中,我想联系我们的教学来看,教学能力也需要在实践当中去锻炼,把间接的经验化成直接经验。我们学了再多的数学学科知识,学了再多的教学论、学习论,还是要通过亲身的教学实践,把间接经验化为直接经验,内化为自己的一个能力。

第五,用。学语文为的是用,就是所谓的学以致用,其实任何一个学科的学习目的都是为了用,也就是学以致用。

第六,习。语文文字的学习出发点在知,而终极在行,叶圣陶先生高度概括了语文教学实践的思想,完全能够用于数学教学,作为一种标杆或者作为一种参考来学习,从模仿开始,一步一个脚印,在教学实践当中不断地成长。其实任何一个学科学习的目的都是为了学以致用,而从知到行之间就意味着我们这一个学科的目的。

叶圣陶先生的语文教学实践特别提出几对关系:学生主体和教师主导的关系、课堂教学与现实生活的关系、知识与实践的关系、独立学习与合作学习的关系。我们要培养大学生自学的能力,既能独立学习,又能合作学习。因为新的时代更强调合作学习的重要价值。著名的数学家希尔伯特,在他成长经历当中,在哥廷根大学很长一段时间,下午四点钟和闵可夫斯基,以及他的一位年轻的老师,每天在苹果树下一边散步,一边谈论数学问题,不仅增强了教学,更重要的增强了他的可辩能力。所以我们对叶圣陶先生谈到的教学实践要用自己的行动去提出,并且实施于数学教学,也找到数学教学当中一些经典的做法。

三、教师的教育科研活动

大学老师担负着教书育人、从事科研以及服务社会的三重职能,但是通常我们对大学教师的科学研究主要是指他专业上的科学研究。我们以物理学科为例,以学科为基础的教育研究,这是北京师范大学郭玉英老师提到的一个研究模式，他在这一个教育研究活动当中，首先确定研究者是具有坚实学科基础、熟悉物理学科的研究方法的物理教师。推延一下，我们有坚实的数学基础，而且熟悉数学学科的研究方法，这样的数学教师正好是教学研究的研究者。他的目的就是为了改进教学，促进学生真正地理解我们的学科知识，学以致用。

同时，在研究者选取课题的时候，要重点选取那些坚实数学学科认知过程中，研究影响学生真正理解学科的因素，如物理学科，讲到牛顿第二定律，学生如何认知，有着怎样的心理过程，在哪些地方会产生困惑，这是我们选择的重点课题。

而在研究模式上，要树立以学科为基础，设计有效的测试和评价工具，前文所提到的范良火先生，他研究教师知识时，首先设计测试和评价工具，把我们教育统计测量的基础知识、基本理论用于我们的研究。

调查学生原有基础和学习过程中认知结构的变化，调查题的设计是一个难关，但是要把问题切实弄清楚，必须设计一套针对性比较强的问卷。同时明确我们的研究目的和方法，从而揭示学生存在的思维障碍，有针对性地设计有效教学策略和开发新的教学资源。其实教学策略一定要强调它的有效性，就是我提出来的这个方案究竟是有效，还是无效，我们要通过真实的测量，可以再现，可以重复，可以推广，从而用实践方法研究新策略和新资源对学生的实际效果，在很多教育方面的研究集中在基础教育阶段，在大学这种教育研究还不是十分普及。

同时，研究的内容与学科教学内容紧紧相联，我们在真实的教学过程当中，有三点比较难以把握：一是教学目标，特别是到每一堂课具体的教学目标往往被老师忽视，所以显得无的放矢；二是教学的重点和难点，整节课听下来不知道老师重点要解决哪些问题，学生的困难究竟在什么地方；三是在于启发式的教学，老师自己懂得的知识，在讲的过程中不知道如何根据学生的情况去启发他。

所以从研究的内容上我们应当考虑从教学的具体目标，教学当中的重点难点，以及怎么进行启发式的教学选出具体的问题进行研究。

第三个研究的方法与学科紧密的联系。这样一来我们既从事了教育，也从事了科研，对自身的发展有非常重要的价值，所以以上介绍的这样一个研究模式，具有学科性和教育性的统一，具体性与整体性的统一，研究性与实践性的统一。

作为一名年轻的大学老师，结合现在的非常宽广的发展平台，最新制订的《教育部关于全面提高高等教育质量的若干意见》（“高教 30 条”），特别强调本科教学在高等学校提高教育质量当中的重要地位。年轻教师，有丰富的学科知识，有较高的学历，有良好的教学环境，而学生又渴望老师给他们更多的学习机会、学习平台，所以应当在实践教学当中，既加强理论学习，又把理论用于实践，多实践、多反思、多总结、多参与，力争成为有个性化的、成熟的优秀教师。

浅谈高职院校教学质量改革工程

潍坊职业学院　曹春英

曹春英,1954年生,山东夏津人。教授。现任潍坊职业学院教学督导室主任,山东省第十一届人大代表,潍坊市专家协会会员。兼任潍坊市第六届科协委员会委员,山东省花卉创新产业战略联盟秘书长。获得教育部第五届高等学校国家级教学名师荣誉称号,获得山东省第二届高等学校教学名师荣誉称号。主持省级精品课程《花卉栽培》被教育部评为国家级精品课程,作为团队带头人所带领的园林技术教学团队被教育部评为国家级教学团队,被教育部评为第五届高等学校国家级教学名师。带领园林工程系师生探索高等职业技术教育的特殊规律,创建了集教学、科研、生产、技术服务"四位一体"的人才培养模式。主持全国农业职业教育"十一五"重点课题《园林技术职业教育实训基地建设的研究与实践》获得二等奖。主编教育部高等教育"十一五"国家级规划教材《植物组织培养》、《花卉栽培》、《植物组织培养》。主编、主审和组织农民培训教材32册,发表论文20余篇。承担省市科技厅局的科研项目10余项。给校外实训基地(青州良田花卉园艺场)员工及实训学生培训2000人次。到潍城、青州、昌邑、寿光等县市区培训花农5000多人次。被寿光万芳花卉公司、济南奥利种业公司、青岛嘉璐园艺、青州良田花卉研究所等多家聘为技术顾问。

摘要：

高职院校“教学质量改革工程”应从专业建设、课程建设、人才培养方案建设、教学团队建设以及实训基地建设等方面着手，通过质量工程项目建设，转变教师教学观念，由传统黑板教学改革为“教学做”一体化，课程内容按照职业岗位需求重组设计为工作任务，并采取基于工作过程的教学模式完成教学任务，全面提升人才培养质量。

近年来，我国高等职业教育蓬勃发展，已经形成了高等职业教育体系框架，为区域经济建设培养了大量高素质技能型人才，对高等教育大众化作出了突出贡献。随着我国新型现代化企业崛起，社会主义新农村建设步伐的加快，对高技能人才的需求越来越多、要求越来越高。教育部提出《关于全面提高高等职业教育教学质量的若干意见》（教高[2006]16号）后，全国各地高职院校认真贯彻执行教育部16号文件，教学质量工程建设改革已经全面展开，成效显著。例如：国家示范院校工程建设、骨干院校工程建设、名校工程建设等，具体内容体现在专业建设、课程建设、人才培养方案建设、教学团队建设以及实训基地建设等。通过质量工程项目建设，教师的教学观念有了转变，由传统黑板教学改革为“教学做”一体化；课程内容按照职业岗位需求重组设计为工作任务，并采取基于工作过程的教学模式完成教学任务，人才培养质量全面提升。所以，高职教育教学质量改革工程成效显著。

一、高职院校教学质量改革工程相关内容

在《关于全面提高高等职业教育教学质量的若干意见》（教高[2006]16号）指导下，高职院校教学质量改革工程取得显著成果。特色专业建设、产教结合的人才培养方案、课程体系改革建设、精品课程建设、教学方法以及教学手段改革、教学团队建设、实训基地建设等都列入高职院校教学质量改革工程范畴。除此之外，建设以突出职业能力培养的课程标准，与行业企业共同开发紧密结合生产实际的实训教材，教学资源和网络信息资源的共建共享等都属

于教学质量改革工程范畴。高职院校教学质量改革工程，还需要多方面的深入研究与实践，需要逐步完善，全面提高教学质量。

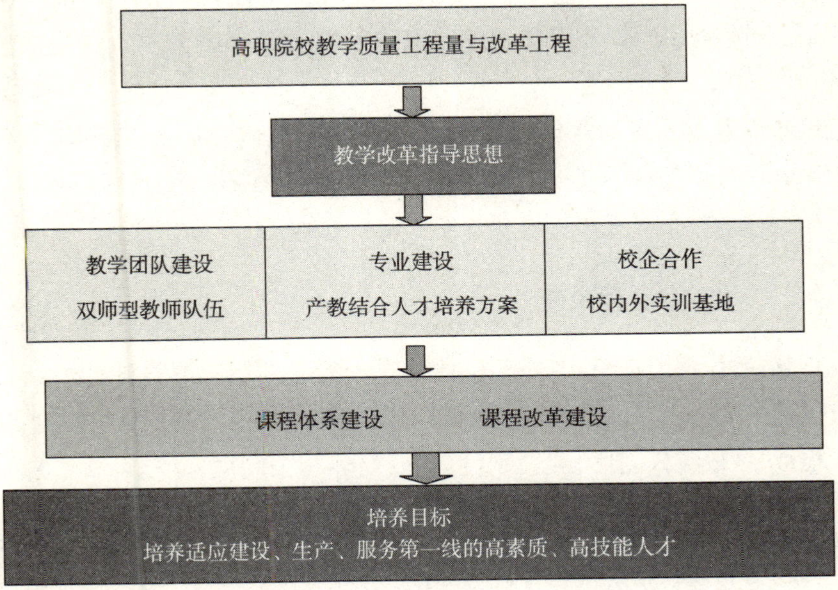

二、专业建设与改革

（一）专业建设规划（3—5 年）

社会广泛调研，深入行业企业调研。根据岗位技术能力的需求，制订专业建设目标和人才培养方案。形成 3—5 年专业建设方案。

（二）专业建设方案

专业建设目标：针对区域经济发展的要求，以服务为宗旨；以学生就业为导向；校企合作，以突出能力培养为目标，制订以职业岗位任职能力要求设计教、学、做融一体的知识、能力、素质结构的人才培养方案。适应区域、行业经济和社会发展的需要，灵活调整专业方向，培育与山东经济社会结构战略性调整和现代化产业结构体系建设相匹配的优势专业和特色专业，体现高等职业技能型教育的专业特色。

制订产教结合的专业人才培养方案。根据区域经济发展以及岗位人才的需求,制订以产教结合、教学做一体化的人才培养方案,配套相应的课程体系,选用适宜的教学内容,采用任务驱动或项目教学等多种教学方法完成教学任务。

围绕专业人才培养方案,打造一支专兼结合、整体素质优、实践能力强、教学水平高的教学团队。建设能够满足学生"教学做"一体化的学习,并能以基于工作过程的教学模式来完成教学任务实训基地。

(三)专业建设保障措施

首先,组织保障措施。学院以及教学管理部门给与政策倾斜和资金倾斜,全方位给与大力支持。其次,制度保障措施。按目标要求制定相关制度,包括分段检查、绩效考核制度、奖罚制度,师资培养相关制度,专项经费管理制度等。再次,资金保障措施。专项经费专款专用,保障专业建设顺利实施。

(四)专业建设成效的体现

一培养质量。所培养学生具有较强的职业能力。能考取国际通用职业资格高级证书(双证书);计算机、英语应用能力强;就业并能迅速适应岗位能力要求。二专业文化。为人师表言传身教。师生道德素养、文化素质提高;良好行为习惯养成;自觉遵守规章制度。师生精神状态饱满,具有诚信品质和敬业精神。有较强的责任意识、法制意识、社会意识,形成成熟的专业文化。三是社会影响。引导学生积极参加国内外各类技能大赛并获取较好的成绩,毕业生就业率高,并获得用人单位的好评。

三、探索产教结合的人才培养模式

根据产教结合人才培养目标和人才培养规格,探索独具特色的人才培养模式。以就业为导向,以提高质量为重点,以培养高素质技能型人才为目标,以职业能力培养为主线,以人文素质和职业素质培养为基础,把专业学习与技能培训相融合,教学内容与工作任务相融合,坚持人才培养与企业需求相融合，培养具有职业能力、实践能力、创造能力和创业能力以及德智体美全面发展的高素质技能型专门人才。

以潍坊职业学院园林工程学院为例，园林技术专业经过多年的研究与实践，集教学、生产、科研、技术服务"四位一体"产教结合人才培养模式，成效显著。主要包括以下四个方面。

(1)教学与生产实训相融合。以就业为导向，以学生职业能力培养为主线，设计全新的知识、能力、素质结构和培养方案，实施"任务驱动的教学模式。

(2)生产与实践教学相融合。根据园林技术专业人才培养方案，学生参与实训基地生产任务的完成，培养专业能力。按照岗位生产任务，专任教师或者企业兼职教师指导或者带领学生参与生产实践。主要包括：①任务的要求及相关知识——任务生产计划和生产技术——任务完成——产品评价等；②任务的生产计划——任务生产技术训练——产品评价——全程生产管理等。通过产教结合实际训练，使学生学会生产任务计划制订和任务实施步骤，任务完成质量如何，任务完成需要哪些知识和能力等。任务完成后按照企业规定有检查有评比、有总结、有成绩。使学生熟悉岗位生产专业能力。

(3)科研与教学相融合。依托实训基地，教师围绕生产搞科研，学生围绕生产完成学习任务，科研——生产——教学，充分体现校企合作产学研一体化。教师科研解决生产中的疑难问题，一方面将知识运用到科研中，另一方面将科研成果转化成生产力。教师的科研成果，即丰富了教学内容又发挥了技术在行业发展中的前沿优势。学生学会了科研方法步骤，拓宽了知识视野。

(4)技术服务与能力培养相融合。教师的科研带动生产，学生参与生产完成了学习任务，培养了专业能力，形成科研带动生产，生产促成学习，学习培养能力的良好循环。教师带领学生参与科技成果推广，参与生产技术服务和科技咨询，学生完全融入社会大课堂中去，长知识、增才干，丰富了社会知识，强化了专业能力。同时，学生通过对社会和行业企业的了解，提高专业学习热情，端正学习态度，提升教育教学效果。在技术服务过程中，通过与行业企业人员的交流，积累工作经验，学会与人交流，学会做人，提高的综合职业能力和素养，拓宽学生就业的渠道。

四、专业课程体系与课程改革建设

（一）专业课程体系建设

与行业企业共同开发课程，参照相关的职业资格标准，根据职业岗位职业能力的要求构建课程体系。包括职业素养所需课程、岗位群职业能力所需课程、岗位群职业能力所需辅助课程等。岗位群职业能力所需课程中突出核心课程，体现前导课程和后续课程。

以园林技术专业为例：根据目前行业岗位需求，专业课程包括花卉生产方向（盆花生产、鲜切花生产、绿化树培育等）；园林绿地养护（植物修剪、病虫防治、景观修护）；园林设计施工方向（工程识图、工程招投标、工程预决算）等。职业素养课程包括培养学生如何与人共处、团队合作、爱岗敬业、遵章守纪的职业道德等，教会学生能写能说能做事。专业课程包括围绕岗位能力所要求的知识点、技术能力设计课程内容。核心课程为职业岗位的核心知识和技能应全方位熟练掌握。

（二）课程与教学方法改革

按岗位技能要求重组教学内容，分成几个板块。以校内工厂或校外工厂合理安排课程学时数和学习进度。以《年宵花市场蝴蝶兰生产技术》基于工作过程课程改革为例。

（1）学习目标：了解年宵花市场供需情况（等级、价位、供需量）；掌握蝴蝶兰周年生产（肥水、温湿度、通风、花芽分化、催花）技术；熟练掌握蝴蝶兰分级、包装技术和运输情况；掌握蝴蝶兰组盆装饰技术和市场营销情况；培养学生花卉生产组织管理能力和市场营销能力。

（2）学习形式：组织学生搜集与蝴蝶兰相关资料和信息；师生共同将资料信息筛选后，制订生产计划。组织学生分组参与企业蝴蝶兰的各个生产环节，参与生产过程中企业教师给与技术指导，并与学生共同检查、评价学习任务的完成情况。学生通过资讯、计划、决策、实施、检查、评价的过程完成学习目标任务。

(3)教学方法和手段:教师在生产基地(校企实训基地)指导学生完成每项职业学习任务。通过(职业)任务完成的形式来培养学生职业能力和综合应用能力。教师通过这种学习形式,要教会学生学习,使学生由被动学习转变为主动学习,由机械学习转变为主动灵活学习,培养学生岗位职业能力和岗位创新能力。利用教学资源库采取多媒体教学手段弥补教学的不足之处。

五、教学团队建设

提高高等职业教育的办学水平和质量,关键在师资。教育部《关于全面提高高等职业教育教学质量的若干意见》(教高[2006]16号)中明确指出:"逐步建立'双师型'教师资格认证体系,研究制订高等职业院校教师任职标准和准入制度。重视中青年教师的培养和教师的继续教育,提高教师的综合素质与教学能力"。高职院校培养目标:以就业为导向,以职业资格为标准,培养适应生产、建设、管理、服务第一线的高素质、高技能人才,也就是培养学生岗位职业能力。职业教育的师资必须是"双师型"(具有双师素质或双师资格证书)才能按照培养目标培养出合格的学生。

(一)团队结构要优化发展

按照团队建设目标和人才培养方案的具体要求,团队结构要优化发展。一是团队带头人培养:团队带头人教学能力强、研发能力强,并在企业行业有较强的影响。二是提高教师学历层次,优化教师的专业知识结构,培养"专家型"教师队伍。三是中青年骨干教师培养:选派中青年骨干教师到国内外访问、进修、培训学习等,积累工作经验,提高实践教学能力。四是双师型教师的培养:选送青年教师到校内外企业的生产一线进行实践锻炼,锻造实践技能,提高专业职业能力。五是聘用企业能工巧匠(技术总工)为兼职教师,指导学生技术操作,培养学生职业能力。

(二)提高教师业务(职业)能力

团队成员有计划地参加企业生产实践,尤其是青年教师到企业锻炼能迅速提高业务能力,也能及时了解企业生产技术水平。在企业实际工作中发现问题及时解决，结合实际开展技术研究，组合校企联合研发团队，提高教师科研能力，提高教师业务能力，提高为社会服务的能力。

（三）提高教师教学能力

团队专业教师和企业兼职教师承担教学任务。教会学生做人做事，培养学生的综合职业能力。就业率达到90%以上，获得用人单位的高度评价。除此之外，团队成员积极参与国家级、省级、院级教学改革项目的研究，提升教学能力。例如，精品课程建设；说课、讲课、评教评学、课件展评等竞赛活动；校内外实训基地建设；教材编写、论文撰写、教学资源建设等。指导学生参加各类大学生技能竞赛，培养学生的职业能力和创新能力。指导学生职业技能鉴定工作，获取多种职业资格证书。

（四）增强团队的辐射能力

教学改革成果及时应用推广，要有较强影响力。团队业务水平和科研成果发挥效能技术转化应用，为当地经济建设服务。

第六　校企合作实训基地建设

实习基地建设是高等职业院校改善办学条件、彰显办学特色、提高教学质量的重点。校内实训基地要根据产教结合工作的实际，建设真实性实训环境，力求达到“教学做一体化”教学效果。实训基地参照企业生产规模、企业管理，生产技术规范、生产指标、考核制度、奖罚制度等进行建设。学生通过顶岗实习，提前进入职业工作状态，培养学生职业素质和职业能力。

校内教学资源有限，可开发利用校外资源建设实训基地。通过多渠道、多形式紧密联系行业企业，校企合作优化实训环境，使专业特色具有持久的生命力。